25 situations-problèmes à la maternelle

DENISE CHAUVEL • ISABELLE LAGOUEYTE

MS • GS

NOUVELLE ÉDITION

RETZ
www.editions-retz.com
9 bis, rue Abel Hovelacque
75013 Paris

ISBN : 978-2-7256-2910-0

Direction éditoriale : Sylvie Cuchin
Édition : Élise Lacharme, Charlotte Aussedat
Réalisation : Arts Graphiques Drouais
Corrections : Gérard Tassi
Illustrations intérieures : Christine Donnier

N° de projet : 10164143
Dépôt légal : janvier 2010
Achevé d'imprimer en France
sur les presses de la Nouvelle Imprimerie Laballery – 58500 Clamecy
N° d'impression : 911132

Sommaire

Introduction

L'école primaire est organisée en trois cycles : le premier, le cycle des apprentissages premiers, se déroule à l'école maternelle ; le deuxième, celui des apprentissages fondamentaux, commence dès la grande section de maternelle ; le troisième, enfin, concerne les approfondissements à l'école élémentaire.

Les programmes de 2008 confortent cette organisation en cycles et rappellent que « *L'école maternelle a pour finalité d'aider chaque enfant, selon les démarches adaptées, à devenir autonome et à s'approprier des connaissances et des compétences afin de réussir au cours préparatoire les apprentissages fondamentaux. [...]*

Elle laisse à chaque enfant le temps de s'accoutumer, d'observer, d'imiter, d'exécuter, de chercher, d'essayer, en évitant que son intérêt ne s'étiole ou qu'il ne se fatigue. Elle stimule son désir d'apprendre et multiplie les occasions de diversifier ses expériences et d'enrichir sa compréhension. Elle s'appuie sur le besoin d'agir, sur le plaisir du jeu, sur la curiosité et la propension naturelle à prendre modèle sur l'adulte et sur les autres, sur la satisfaction d'avoir dépassé les difficultés et de réussir. »

Il est par ailleurs souligné que, certes, « *un apprentissage structuré des automatismes et des savoir-faire instrumentaux* » est utile, mais que l'enseignant doit « *avoir recours à* ***des situations d'exploration, de découverte ou de réflexion sur les problèmes à résoudre****.* »[1]

L'école maternelle trouve ainsi, au sein même de sa pédagogie, des situations motivantes qui conduisent aux apprentissages. Ces situations sont diverses :

– les situations de rituels de la classe : appels, déplacements, rangements, tâches quotidiennes et répétitives, etc. Elles organisent le déroulement

1. *Qu'apprend-on à l'école maternelle*, CNDP/XO Édition, 2008.

de la journée et construisent des repères temporels, spatiaux, identitaires et sociaux;

– les situations d'écoute, que l'enseignant pratique en groupe-classe: écouter une histoire, des poésies, regarder un album, assister à une séance de projection, un spectacle de marionnettes, etc. Elles relèvent de l'imprégnation, de la modélisation;

– les situations de participation collective: chanter, dire des poésies, des comptines, élaborer des projets, discuter d'un fait, etc. Elles relèvent de l'appartenance au groupe;

– les situations organisées autour de consignes précises, situations de répétition, d'entraînement et de réinvestissement qui fixent les apprentissages et créent des automatismes;

– les situations d'expression et de création, qui permettent à l'enfant d'exercer son imaginaire, avec ou sans consigne, en le laissant libre d'inventer, d'imiter, de s'exercer dans des domaines divers: danse, production d'écrits, sculpture, peinture, découpage, création d'objets, etc.;

– et enfin les **situations-problèmes**, qui nous intéressent particulièrement dans cet ouvrage, conçues pour que les enfants entrent dans les apprentissages et se construisent des compétences précises. Ces situations sont créées par l'enseignant dans le cadre des projets d'école ou de classe et des situations de vie quotidienne.

Les situations-problèmes

• Qu'est-ce qu'une situation-problème ?

Les situations-problèmes partent toujours d'une situation motivante créée par l'enseignant en vue d'objectifs pédagogiques définis dans les six grands domaines d'activités de l'école maternelle. Elles sont choisies en fonction d'un problème évoqué dans un domaine donné : un obstacle ou une tâche proposée à l'enfant, mais que ce dernier pourra surmonter grâce à l'utilisation de ses connaissances et/ou ses compétences antérieures et grâce à l'intervention de l'enseignant. Ce problème se pose clairement aux enfants et les motive pour entrer dans l'activité car il s'insère dans les projets de la classe ou de l'école ou dans des situations de vie quotidienne. Ces situations sont induites ou provoquées par l'enseignant. Par exemple :

– lors de la programmation d'un cycle « jeux collectifs », il est nécessaire de savoir constituer des équipes (*cf.* « La course de relais »), de savoir qui gagne (*cf.* « Le jeu des déménageurs »). Chaque enfant construira alors des compétences aussi bien dans le domaine des activités physiques que des compétences langagières, mathématiques et méthodologiques ;

– lors de la préparation d'une exposition pour les parents ou de décorations pour l'école ou la classe, il est nécessaire de rechercher différents types de productions (*cf.* « Le bonhomme debout », « Les feuilles d'automne », « Les couleurs », « Les plaques de rue »). Les compétences abordées lors de ces activités relèvent du domaine de la sensibilité et de la création, mais aussi de celui de la découverte du monde, de la matière et des objets ;

– lors de situations de vie quotidienne, il est nécessaire de mettre en place des règles (*cf.* « La cour de récréation », « Les règles de vie de la classe ») pour que l'enfant puisse construire des compétences dans le domaine du vivre ensemble afin qu'il acquière à la fois son autonomie et le moyen de collaborer avec les autres.

Dans chaque activité, les enfants doivent résoudre un problème et atteindre l'objectif fixé par l'enseignant, en faisant interagir diverses actions. Ils construisent alors des connaissances et/ou des compétences nouvelles qu'ils pourront réinvestir par la suite dans d'autres situations. Toutes ces situations engendrent principalement la construction de compétences langagières.

• Les sept phases d'une situation-problème

Chaque activité présente sept phases qui seront développées dans chaque situation :

Mise en situation

Afin que les enfants s'impliquent, la situation doit être motivante pour tous, s'inscrire dans une situation réelle de classe (projet d'école, projet de classe, thème précis ou vie quotidienne) et aboutir à une production concrète.

Émergence du problème

Chaque élève doit s'approprier le problème posé et se lancer un défi pour le résoudre. Il est nécessaire que la classe verbalise collectivement la problématisation pour s'assurer que chacun a bien compris et s'approprie le même problème.

Phase de recherche et de verbalisation

C'est une phase de découverte, d'exploration, où les enfants s'investissent, s'interrogent sur des moyens de résolution. Elle se fait souvent en atelier, parfois individuellement. La recherche en groupe permet une variété et une richesse des échanges. L'enseignant participe activement à cette phase pour stimuler, relancer, encourager. Il aide les élèves à adopter des stratégies efficaces qui les amènent à prendre conscience de leurs réussites et de l'inefficacité de certaines stratégies : c'est ainsi qu'ils vont pouvoir progresser et poursuivre leurs recherches.

Phase de validation

Les enfants testent une des stratégies efficaces pour résoudre le problème et ainsi valider la solution. Lors de cette phase, les enfants qui n'avaient pas trouvé la solution s'approprient celle des autres. L'enseignant accompagne l'enfant dans sa prise en compte des critères nécessaires pour aboutir à la résolution.

Phase de conceptualisation

Cette phase permet de faire la synthèse de ce que l'on a appris. Elle se traduit par la prise de conscience de l'utilité de ce qui a été construit précédemment : affichage référent, fiche conseil, acquisition de techniques, de nouvelles connaissances. Dans cette phase, l'enfant réalise qu'il acquiert des compétences précises (« être capable de… »), qu'il pourra réinvestir dans d'autres situations.

Phase d'entraînement et de réinvestissement

L'enseignant se rend compte au cours de cette phase que certains enfants utilisent les stratégies efficaces trouvées auparavant dans une situation donnée et qu'ils peuvent les transférer dans une situation différente. C'est également au cours de cette phase qu'il apporte son aide aux enfants n'utilisant pas ces stratégies afin de remédier à leurs difficultés. Cette phase est le plus souvent effectuée de manière différée pour que l'enfant ne soit pas uniquement dans une phase d'imitation mais bien de transfert de compétences.

Phase d'évaluation

À la fin de chaque situation se trouve une phase d'évaluation. Elle est, elle aussi, le plus souvent différée pour la même raison. Néanmoins, l'enseignant évalue les élèves tout au long des séances sur leurs compétences langagières mais aussi leurs capacités à s'investir et à s'engager dans l'activité.

• Le langage dans les situations-problèmes

La pratique de situations-problèmes dans une classe permet de répondre aux compétences langagières développées dans les programmes :

- Compétences de communication :
– répondre aux sollicitations de l'adulte ;
– entrer en conversation, prendre l'initiative d'un échange ;
– oser prendre la parole dans le groupe ;
– s'insérer dans un échange collectif ;
– participer à un échange collectif de manière pertinente et efficace ;
– émettre des hypothèses.

N.B. : Toute la classe étant concernée par une même situation-problème, ces compétences de communication pourraient être citées dans chaque fiche. Pour éviter les répétitions, il n'a pas semblé utile aux auteurs de les ajouter systématiquement.

- Compétences concernant le langage en situation :
– comprendre des consignes ;
– dire ce que l'on fait ou ce que fait un camarade.
- Compétences concernant le langage d'évocation :
– rappeler ce qui a été vécu précédemment (informations reçues, techniques employées, procédures utilisées, etc.).

- Compétences concernant le langage écrit :
– dicter à l'adulte ;
– connaître la fonction d'un écrit et l'utiliser ;
– représenter une situation vécue par un schéma.

Au cours de la résolution d'une situation-problème, le langage joue un rôle essentiel puisque les interactions avec l'enseignant et les autres enfants sont nombreuses et ceci afin de soutenir la recherche et d'aboutir à une solution.

Les documents d'accompagnement des programmes du ministère, toujours référents (2006) rappellent que le langage est au cœur des apprentissages et expliquent qu'il est un terme à double sens :

« – Le langage est essentiel pour le développement de l'enfant et pour tous ses apprentissages puisque c'est une dimension, et souvent une condition, de l'acquisition de nombre d'autres compétences ;

– il est aussi permanent, intégré à toutes les activités et à la vie de l'enfant dans l'école parce qu'il s'acquiert en situation, et non selon des modalités formelles de transmission qui s'apparenteraient à des "leçons". Ainsi, cette priorité ne se conçoit pas aux dépens des autres domaines d'activité mais à partir d'eux. »

Le langage est au cœur des situations-problèmes, et la phase de verbalisation est essentielle dans l'apprentissage pour permettre à l'enfant d'exposer ses stratégies. Le langage est alors « *le véhicule pour partager découvertes, idées, connaissances, points de vue, émotions, etc., dans la vie et les activités scolaires* ».

Dans cet ouvrage, les situations-problèmes amènent l'enfant à « *échanger des idées, construire des coopérations, partager des projets, dire son accord et son désaccord ; il permet de s'expliquer ou de questionner, de rapporter ou de résumer, de se souvenir ou de se projeter* ». Chaque situation est vécue comme un défi à relever, mais celui-ci est maîtrisable. On cherche ensemble la solution, on discute, on argumente.

Lors des phases de validation et de conceptualisation, l'enseignant est amené avec les enfants à construire des affichages écrits : « *L'écrit a une fonction mémorielle (traces produites mais aussi calendriers, listes, affichages, outils collectifs et individuels, etc.) et de ce fait structurante : il oblige à classer, à relier, à ordonner, à expliciter [...]. L'oral et l'écrit sont aussi constamment présents dans la régulation des échanges, dans la classe, dans l'école, avec l'extérieur. Dans la classe, les consignes à l'oral scandent la vie collective et orientent le travail ; les affichages didactiques, les listes de présence, etc., constituent des référents écrits auxquels on se reporte quotidiennement et de manière très fonctionnelle et naturelle.* »

Le rôle de l'enseignant dans les situations-problèmes

• Pour rendre l'enfant actif dans sa recherche, l'enseignant :

– s'assure de la compréhension du problème à résoudre et de son appropriation ;

– crée un climat affectif favorable à sa recherche ;

– donne le droit à l'erreur ;

– rend l'enfant confiant dans sa capacité à apprendre, à réussir ;

– laisse à l'enfant un moment de réflexion individuelle afin que chacun puisse trouver et exprimer une réponse.

Il est nécessaire que l'enfant sente l'enseignant disponible, à l'écoute de ses demandes, de ses hypothèses, analyses ou théories personnelles, prêt à répondre à ses questions. Ce sont là les conditions pour que se développe chez l'enfant la confiance en soi et dans l'adulte.

• Pour créer un dialogue cognitif, l'enseignant :

– provoque la verbalisation : il a un rôle d'animateur dans la recherche, de guide dans la discussion ;

– prend en compte la parole de chacun ;

– apprend aux élèves à expliciter leur démarche de questionnement, de découvertes, en utilisant un langage correct (construction d'un langage conceptuel) ;

– apprend aux élèves à utiliser les aides présentes dans la classe (enseignant, autres enfants, affichages référents, documents).

• Pour aider l'enfant à conceptualiser, l'enseignant organise des phases de synthèse qui se traduisent éventuellement par une production d'écrit. Il précise à l'enfant les compétences qu'il vient d'acquérir lors de cette séquence.

• Le rôle de l'enfant dans les situations-problèmes

L'enfant n'est pas vierge de connaissances. Il a déjà des conceptions, des représentations de toutes les notions qu'on lui enseigne ou qu'il a acquises par lui-même. Après s'être approprié le problème, il tâtonne, en utilisant ses connaissances et compétences antérieures dont il prend conscience par l'action et la verbalisation. Dans chaque situation-problème, l'enfant cherche des ressources pour surmonter l'obstacle. Il les trouve dans :

– l'aide de l'enseignant qu'il questionne pour avancer dans sa recherche, pour solliciter son acquiescement ;

– l'aide des autres enfants qui expliquent, émettent des hypothèses, questionnent, contredisent, proposent des solutions ;

– ses acquis antérieurs ;

– les outils (affichages, albums, etc.).

L'enfant rectifie en repérant et analysant ses erreurs, en essayant d'autres solutions afin de rendre plus efficaces ses propres compétences. Il utilise toutes les ressources présentes dans la classe, participe aux échanges verbaux et prend parfois appui sur les autres à travers l'imitation pour parvenir à la solution. Il se remémore les situations antérieures pour résoudre les nouveaux problèmes et prend conscience de ses nouvelles compétences.

• Le contenu

Les auteurs se sont attachés à traiter les situations-problèmes dans les six grands domaines d'activités de l'école maternelle :

- S'approprier le langage
- Découvrir l'écrit
- Devenir élève
- Découvrir le monde
- Agir et s'exprimer avec son corps
- Percevoir, sentir, imaginer, créer

Les domaines « S'approprier le langage » et « Découvrir l'écrit » ont été traités ensemble. Par ailleurs, les compétences langagières sont présentes dans les cinq autres domaines.

Chaque sujet traité se décompose selon le plan suivant :

- objectifs spécifiques ;
- compétences langagières sollicitées ;
- matériel ;
- plusieurs séances dans lesquelles sont réparties :
  - la mise en situation ;
  - l'émergence du problème ;
  - la phase de recherche et de verbalisation ;
  - la phase de validation ;
  - la phase d'entraînement et de réinvestissement ;
  - la phase d'évaluation.

Certaines phases peuvent être répétées au sein d'une même séquence. Au début de chaque activité, il est spécifié si elle s'effectue en lien avec l'organisation quotidienne, un projet de classe ou un projet d'école.
Toutes les activités proposées dans l'ouvrage ont été expérimentées en classe.

Les fiches ne sont pas ordonnées chronologiquement. Cependant, certaines sont à réaliser de préférence à des moments précis de l'année : en début d'année, celles concernant le domaine « Devenir élève » ; dans le domaine « Découvrir le monde », « Les feuilles d'automne » à l'automne, « Les sapins » à Noël, « Les œufs en chocolat » au printemps...
Quelques productions d'enfants illustrent des travaux faits dans une classe de grands.

Fiches d'activités proposées et compétences développées

S'approprier le langage et découvrir l'écrit		
Type d'activité	**Situation-problème**	**Compétences**
1. La bibliothèque	Comment organiser le rangement de la bibliothèque ?	– Savoir identifier le rôle des différents types d'écrits et savoir les nommer : albums, livres documentaires, imagiers, livres d'art, livres à fabriquer, dictionnaires, etc. ; – savoir pratiquer des analyses comparatives de différents types d'écrits pour trouver des critères de classement dans la bibliothèque ; – savoir s'exprimer afin d'argumenter et de présenter ses choix ; – savoir utiliser un affichage référent afin de matérialiser des critères de rangement et reproduire ce rangement.
2. Le rangement du matériel de la classe	Comment organiser et s'approprier les rangements de la classe ?	– Savoir repérer et nommer des espaces et des objets précis de la classe ; – savoir jouer son rôle dans une activité en adoptant un comportement individuel qui tient compte des apports et des contraintes de la vie collective ; – respecter les règles de vie commune ; – savoir trier ou classer des objets par catégorie ; – connaître la fonction d'un écrit et d'une image.
3. Le message à la gardienne	Comment transmettre un message ?	– Savoir à quoi sert un écrit tel que le message ou la lettre (sa fonction : transmettre des informations) ; – avoir conscience des différentes composantes d'un message à transmettre (son fonctionnement : un destinataire, un expéditeur, un contenu) ; – produire un énoncé oral dans une forme adaptée pour qu'il puisse être écrit par un adulte ; – savoir communiquer : dialoguer et prendre sa place dans la discussion.

Type d'activité	Situation-problème	Compétences
3. Le message à la gardienne (suite)	Qu'a écrit l'enseignant ?	– Identifier les principales fonctions de l'écrit ; – distinguer les syllabes d'un mot prononcé et reconnaître une même syllabe dans plusieurs énoncés ; – faire correspondre les mots d'un énoncé court à l'oral et à l'écrit ; – mettre en relation des sons et des lettres ; – différencier les sons.
4. Les titres d'album	Comment produire un nouveau titre d'album ?	– Contribuer à l'écriture d'une phrase ; – savoir remplacer oralement un élément d'une phrase par un autre élément de même valeur grammaticale ; – faire correspondre les mots d'un énoncé court à l'oral et à l'écrit ; – mettre en relation des sons et des lettres ; – différencier les sons.
4bis. Une image à reproduire **(Activité supplémentaire proposée sur le site de Retz : www.editions-retz.com)**	Comment décrire une image le plus fidèlement possible pour qu'elle soit reproduite ?	– Participer à un échange ; – comprendre des consignes ordinaires ; – dire ce que l'on voit (langage descriptif) ; – acquérir des méthodes de travail : écouter, bien comprendre, réfléchir avant d'agir ; – représenter des consignes par un dessin ; – établir des rapprochements entre deux objets plastiques (une production d'élève et une reproduction d'œuvre) sur le plan de la forme et du procédé de réalisation.

Devenir élève

Type d'activité	Situation-problème	Compétences
5. Les adultes de l'école	Comment connaître les adultes de l'école ?	– Identifier et connaître le rôle des différents adultes de l'école ; – dicter un message à l'adulte ou participer à son élaboration ; – savoir à quoi sert un écrit tel que la fiche d'identité ou les affiches signalétiques de l'école ; – prendre l'initiative d'un échange en osant dialoguer avec des adultes et poser des questions afin de réaliser une enquête.
6. Le tableau des responsabilités	Comment construire et utiliser le tableau des responsabilités ?	– Respecter les autres et respecter les règles de vie commune, puis les appliquer dans son comportement de façon autonome (accepter et gérer des responsabilités) ; – savoir à quoi sert un écrit tel que le tableau des responsabilités ; – construire des affichages référents (listes, tableau des responsabilités) et utiliser ces écrits ; – dicter un message à l'adulte en contrôlant la vitesse du débit ; – lire les mots usuels de la classe et pouvoir dire où sont les mots successifs d'une phrase lue par l'adulte ou mémorisée.
7. La cour de récréation	Comment trouver des solutions pour régler les problèmes dans la cour ?	– Respecter les règles de vie commune et appliquer, dans son comportement vis-à-vis de ses camarades, quelques principes de vie collective ; – se construire en tant que sujet qui s'affirme, se respecte et respecte les autres ; – participer à un échange collectif afin de construire des règles de vie ; – évoquer de manière claire son vécu personnel ou celui des autres.
8. Les règles de vie de la classe	Quelles règles de vie instaurer et comment s'en souvenir ?	– Dire ce que l'on fait ou ce que fait un camarade ; – participer à un échange collectif afin de construire des règles de vie ; – nommer et respecter les règles de vie ; – utiliser le dessin comme moyen de représentation ; – dicter une phrase à l'adulte en contrôlant la vitesse du débit.

Découvrir le monde

Type d'activité	Situation-problème	Compétences
9. Le déplacement avec l'air	Comment déplacer des objets ?	– Échanger et communiquer : dialoguer autour d'un sujet précis, prendre sa place dans la discussion, respecter les règles de la communication ; – s'investir dans des situations de recherche ; – reconnaître, classer, sérier, désigner des matières, des objets, leurs qualités et leurs usages ; – utiliser des procédés empiriques afin de repérer l'une des propriétés de l'air : l'air est une source d'énergie.
10. La maquette de l'école	Comment décrire et réaliser une organisation spatiale de maquette ?	– Se repérer dans l'espace ; – décrire et représenter simplement l'environnement proche ; – savoir reproduire l'organisation dans l'espace d'un ensemble limité d'objets (en les manipulant, en les représentant) ; – construire des maquettes simples ; – jouer son rôle dans une activité en adoptant un comportement individuel qui tient compte des contraintes de la vie collective ; – agir en coopération dans une situation de production collective ; – participer à un échange ; – apprendre à se servir du langage pour évoquer ce qui doit être fait ou ce qui a été réalisé ; – argumenter des choix.
11. L'image animée	Comment représenter deux personnes de profil et le ballon en mouvement ?	– Utiliser le dessin comme moyen d'expression et de représentation ; – utiliser le langage pour analyser, décrire, établir des comparaisons entre la réalité et la représentation de la réalité ; – utiliser des procédés empiriques pour faire fonctionner des mécanismes simples ; – choisir des outils et des matériaux adaptés à une situation, à des actions techniques spécifiques ; – réaliser un objet technique : le phénakistiscope.

Type d'activité	Situation-problème	Compétences
12. La ferme	Comment exprimer l'aménagement d'un espace?	– Savoir reproduire l'organisation dans l'espace d'un ensemble limité d'objets en les manipulant; – décrire des positions relatives à l'aide d'indicateurs spatiaux et en se référant à des repères stables et variés; – comprendre une consigne orale.
13. Les cartes postales	Comment apparier un lot d'objets (ici des images)?	– Comparer, classer et ranger des images en fonction de critères que l'on aura soi-même choisis; – utiliser le langage pour argumenter et justifier un choix.
14. Les quartiers d'orange	Comment réaliser une collection pour que chaque élève ait deux quartiers lors de la distribution?	– Résoudre un problème portant sur les quantités en utilisant les nombres connus sans recourir aux opérations usuelles et vérifier la validité par la distribution; – reconnaître globalement et exprimer des petites quantités organisées en configurations connues (doigts de la main); – comparer des quantités en utilisant des procédures numériques ou non numériques; – utiliser le dessin comme moyen de représentation d'une solution.
15. Les sapins	Comment réaliser une forme géométrique telle que le triangle à partir d'éléments manipulables et le paver?	– Différencier et classer des objets en fonction de caractéristiques liées à leur forme; – reconnaître, classer et nommer une forme simple: le triangle; – reproduire un assemblage d'objets de forme simple afin de réaliser le pavage d'un triangle.
16. Les œufs en chocolat	Comment partager un sac d'œufs en chocolat?	– Résoudre un problème portant sur les quantités: réaliser un partage d'une collection en sous-collections équipotentes et effectuer une distribution; – apprendre à coopérer dans une situation pour rechercher des solutions; – utiliser un langage mathématique.

Agir et s'exprimer avec son corps

Type d'activité	Situation-problème	Compétences
17. Le jeu de quilles	Comment adapter son geste à une situation ?	– Réaliser une action que l'on peut mesurer : lancer une balle ; – identifier et apprécier les effets de son geste pour atteindre un but ; – prendre des repères pour réussir une action ; – constater ses progrès ; – dire ce que l'on fait ou ce que fait un camarade au moment de l'action.
18. Les ateliers gymniques : rouler	Comment prendre conscience de ses réussites ?	– Adapter ses déplacements à différents types d'environnement ; – se déplacer dans des formes d'action inhabituelles remettant en cause l'équilibre ; – dire ce que l'on fait ou ce que fait un camarade ; – rappeler, en se faisant comprendre, une action qui a été vécue ; – prendre conscience de ses progrès : s'auto-évaluer.
19. La course de relais	Comment constituer des équipes et gagner ?	– Coopérer avec des partenaires et s'opposer en équipe à un ou plusieurs partenaires dans un jeu collectif ; – respecter les règles de la vie commune (respect de l'autre, du matériel, des règles de politesse…) et appliquer dans son comportement vis-à-vis de ses camarades quelques principes de vie collective ; – résoudre des problèmes portant sur les quantités : partager une quantité.
20. Le jeu des déménageurs	Comment trouver l'équipe gagnante ?	– Coopérer avec des partenaires et s'opposer collectivement à un ou plusieurs partenaires dans un jeu collectif ; – s'engager dans l'action ; – respecter les règles ; – comparer des quantités en utilisant des procédures numériques ou non numériques.
21. Des panneaux routiers pour les ateliers gymniques	Comment introduire et utiliser des codes existants pour établir des règles de conduite et de sécurité ?	– Adapter ses déplacements à différents types d'environnement ; – respecter les règles de la vie commune (respect de l'autre, du matériel, des règles de sécurité…) et appliquer dans son comportement vis-à-vis de ses camarades quelques principes de vie collective.

Percevoir, sentir, imaginer, créer		
Type d'activité	**Situation-problème**	**Compétences**
22. Le bonhomme debout	Comment faire tenir debout un personnage dessiné pour le transformer en sculpture ?	– Réaliser une composition en volume ; – choisir des matériaux et des outils adaptés à une situation, à des actions techniques spécifiques (plier, couper, coller, assembler) ; – surmonter des difficultés ; – dire ce que l'on a fait ; – établir des rapprochements entre deux objets plastiques (production d'élève et reproduction de sculpture d'artiste) sur le plan de la forme et du procédé de réalisation.
23. Les couleurs	Comment fabriquer une couleur ?	– Tirer parti des ressources d'un matériau donné ; – surmonter une difficulté ; – reconnaître les qualités de certains matériaux ou de matières ; – utiliser des procédés empiriques pour réaliser une couleur ; – dire ce que l'on fait, ce que l'on voit, ce que l'on pense.
24. Les plaques de la rue	Comment reproduire fidèlement un modèle ?	– Utiliser le dessin comme moyen d'expression et de représentation ; – exercer des choix parmi des procédés et des matériaux déjà expérimentés ; – réaliser une composition en plan ; – s'exprimer sur sa production (moyens, méthode et matériaux utilisés pour la réalisation) ; – comparer deux représentations (production d'élève et photo) sur le plan de la forme et de l'organisation spatiale des éléments graphiques.
25. Les feuilles d'automne	Comment reproduire le plus fidèlement possible ?	– Adapter son geste aux contraintes matérielles (outils, supports, matières) ; – exercer des choix parmi des procédés et des matériaux ; – s'exprimer sur sa production (moyens, méthode et matériaux pour la réalisation).

S'approprier le langage et découvrir l'écrit

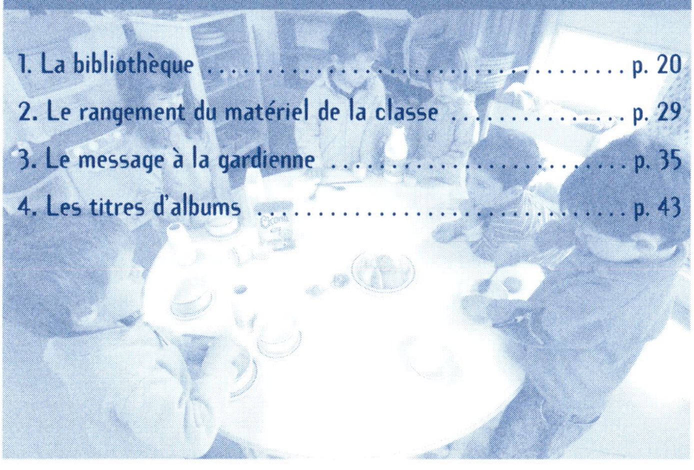

La bibliothèque

Organisation de la vie quotidienne ou projet de classe ou d'école

Cette fiche est composée de séquences partagées en plusieurs séances, ces dernières permettant à tous les élèves d'effectuer la recherche en ateliers.

Objectifs spécifiques :

– Analyser différentes sortes de livres.
– Comprendre la fonction de différents types de livres.
– Déduire des critères pour classer les livres de la bibliothèque.
– Matérialiser ces critères pour faciliter le rangement.

Compétences langagières :

• Langage en situation
– Exprimer des procédures : « Il faut le mettre là, il ne faut pas... » ; « On peut le ranger avec ces livres-là, on ne peut pas... ».
– Donner des indications sur le contenu d'un ouvrage.
– Verbaliser des différences.
– Émettre des comparaisons.
• Langage d'évocation
– Se remémorer les caractéristiques de chaque type de livre.
– Rappeler les procédures pour reconnaître chaque type de livre.
• Langage écrit
– Connaître la fonction des différents types de livres et la définir.
– Exprimer des critères de classement.

Matériel :

– Le coin bibliothèque de la classe.
– De nombreux livres de types différents (dictionnaires, imagiers, abécédaires, albums, bandes dessinées, livres documentaires, livres d'art, livres pour fabriquer, etc.).
– La bibliothèque de l'école.
– Des gommettes de couleur (noir, marron, jaune, vert, bleu, rose).

Première séquence

En groupe-classe

• Mise en situation

Depuis le début de l'année, le coin bibliothèque s'est enrichi de nombreux livres au fil des lectures, des thèmes de travail et des recherches. Ils s'accumulent dans les bacs à livres sans rangement particulier.

Par ailleurs, l'enseignant a donné l'habitude aux élèves de s'interroger et de réagir dès qu'ils entendent un mot inconnu ou dont la signification a été oubliée. Le cas échéant, la classe prend le dictionnaire pour chercher le mot. L'enseignant le recherche alors en expliquant sa manière de procéder, puis lit la définition. Ainsi, les enfants intègrent peu à peu la fonction et le fonctionnement du dictionnaire.

• Émergence du problème

Tous les livres de la classe sont regroupés dans les bacs du coin bibliothèque et il est parfois difficile d'y retrouver le dictionnaire. Comment retrouver rapidement le dictionnaire ?

• Phase de recherche

La classe s'interroge sur la possibilité de retrouver rapidement le dictionnaire. La solution proposée par les enfants est de le laisser sur le coin d'un meuble.

Pour que la solution initiale n'apparaisse pas comme une solution idéale, l'enseignant rappelle que, chaque soir, les livres doivent être rangés dans les bacs afin que l'ATSEM puisse faire le ménage. Il n'est donc pas envisageable de laisser un dictionnaire sur un meuble. Il faudra donc réfléchir à un endroit précis lors d'une prochaine séance.

Deuxième séquence

Première séance

En ateliers de 7 à 8 élèves

• Nouvelle phase de recherche

L'enseignant rappelle le problème au groupe d'enfants sollicités en l'élargissant à d'autres livres : comment retrouver rapidement un livre dans le coin bibliothèque et comment améliorer le rangement pour faciliter les recherches ?

Les bacs à livres sont rassemblés au milieu du coin regroupement. Les enfants sont invités à les classer selon les critères de leur choix.

Ces derniers choisissent, en général, un seul critère. Ils font une pile de livres correspondant à ce critère et une pile avec tous les autres livres. Dans l'optique de multiplier les critères de classement, il sera utile de leur donner plusieurs bacs. Afin de les inciter à s'exprimer et justifier leur classement, l'enseignant précise que ce travail sera fait avec chacun des autres groupes en atelier et qu'il est nécessaire de noter toutes les idées de classement trouvées.

De la deuxième à la quatrième séance

La séance précédente se reproduit trois fois de façon à ce que tous les élèves passent à l'atelier.

Au cours de ces séances, les élèves, selon les ateliers, trouvent différents classements :

– Première sorte de classement : trois piles. Les élèves ont réalisé un classement en fonction de la taille des livres. Ce classement peut s'expliquer par l'approche précédente à propos du dictionnaire et par la présence dans la bibliothèque de petits livres. Les enfants font donc trois tas : les gros livres, les petits livres et tous les autres livres.

– Deuxième sorte de classement : deux piles. Les élèves ont mis ensemble les livres « qui racontent une histoire » (albums, BD) et empilé tous les autres livres.

– Troisième sorte de classement : deux piles. Les élèves ont mis ensemble les livres « sur les lettres et les mots » (dictionnaires, abécédaires) et ont fait un tas avec les autres livres.

– Quatrième sorte de classement : trois piles. Certains livres de la bibliothèque de la classe appartiennent à la bibliothèque de l'école et ont un code couleur : marron et vert. Les enfants ont fait deux piles : une avec les livres possédant le code couleur et une autre avec ceux de la classe ne possédant pas de code couleur. Ils ne savent toutefois pas expliquer à quoi correspondent les deux couleurs.

Cinquième séance

En groupe-classe

• Phase de verbalisation

Tous les critères de classement ont été notés par l'enseignant au cours des séances précédentes. Ils sont rappelés et relus au cours d'une séance de mise en commun.

Les enfants constatent que certains classements sont inadaptés, notamment celui par taille, parce que les livres ont souvent des tailles différentes et qu'il est difficile de se souvenir de la taille d'un livre. Les autres classements sont justifiés mais ne permettent pas un rangement efficace puisque les livres « qui racontent quelque chose » sont trop nombreux pour être mis dans un seul bac. Cela s'améliore néanmoins si on les sépare en trois tas : les livres avec une étiquette marron (les albums), les livres avec une étiquette verte (les livres documentaires) et les livres sans étiquette.

Cette dernière solution est adoptée mais les enfants ne savent toujours pas à quoi correspondent ce code couleur. Certains suggèrent d'aller voir dans la bibliothèque de l'école et de mettre aussi des étiquettes sur les livres de la classe.

Troisième séquence

L'enseignant peut rappeler le problème : comprendre à quoi correspond le code couleur du classement.

Première séance

En groupe-classe, dans la bibliothèque de l'école

• Nouvelle phase de recherche

L'objectif consiste à faire comprendre à tous les enfants la différence entre les albums et les livres documentaires, ainsi que la méthode de rangement de la bibliothèque de l'école pour l'appliquer – en simplifié – à la classe.

L'enseignant répartit les élèves devant les étagères de la bibliothèque où sont rangés les livres étiquetés en marron (albums) et ceux étiquetés en vert (livres documentaires).

Il leur demande de trouver un ou plusieurs livres traitant d'un même sujet (par exemple : le loup), sujet repéré grâce aux illustrations.

• Phase de verbalisation

Les enfants sont invités à décrire, analyser et comparer les différents ouvrages qu'ils ont repérés afin de savoir si le sujet est traité de manière identique dans les livres.

Il en est déduit que certains ouvrages racontent une histoire inventée et que d'autres donnent des explications pour mieux connaître le sujet.

Deuxième séance

En groupe-classe, dans la classe

Les enfants font un rappel de la séance précédente pour établir, avec l'aide de l'enseignant, un tableau qui récapitule les différences entre les albums et les livres documentaires :

	Albums	Livres documentaires
Code couleur	marron	vert
Illustrations	dessins au crayon, à la craie, à la peinture	photographies, schémas
Texte	histoire inventée qui commence souvent par : « il était une fois… »	informations réelles
Personnage	imaginaire, non réel : « Il parle, il est habillé, il vit des choses comme nous. »	animal réel

Quatrième séquence

En groupe-classe

• Phase de validation

Pour élargir le champ des possibles en matière de rangement, valider et réutiliser les connaissances acquises lors des séances précédentes et en acquérir de nouvelles, l'enseignant propose des livres traitant du même sujet mais qui ont des fonctions différentes.

Exemple de sélection sur le thème de l'ours :

– Marie Sellier, *Pompon sculpteur* (Éditions de la RMN, coll. « L'enfance de l'art »). Sur la couverture se trouve une photo de l'ours blanc du sculpteur François Pompon. Ce livre est étiqueté en rose : livre d'art.

– Magazine *Petites mains* (Éditions Milan), livre de modelage qui explique la fabrication d'un ours en pâte à modeler. Ce livre est étiqueté en bleu : livre sur les objets techniques.

– Philippe Legendre, *J'apprends à dessiner* (Éditions Fleurus), livre pour apprendre à dessiner. Ce livre est étiqueté en bleu : livre pour fabriquer.

– Laura Bour, *L'Ours* (Éditions Gallimard Jeunesse, coll. « Mes premières découvertes des animaux »), livre sur la vie des ours. Ce livre est étiqueté en vert : livre documentaire.

– Rose Celli et Gerda Muller, *Boucle d'or et les trois ours* (Père Castor-Flammarion, coll. « Les Mini Albums »), livre qui raconte une histoire imaginaire avec des ours. Ce livre est étiqueté en marron : album.

– Un dictionnaire ouvert à la page du mot *ours*, étiqueté en noir.

– Un abécédaire ouvert à la lettre O, étiqueté en jaune.

– Un imagier des animaux ouvert à la page de l'ours, étiqueté en jaune.

Chaque écrit est analysé et un mot significatif est donné par l'enseignant pour chaque type de livre.

• Phase de conceptualisation

Un nouvel affichage est créé selon le principe de la marguerite des couleurs (classification Dewey simplifiée). Il peut avoir la forme d'un tableau ou de la marguerite.

Noir	dictionnaires	pour connaître la définition d'un mot
Jaune	imagiers, abécédaires	pour trouver des images en rapport avec un mot ou une lettre
Marron	albums	pour lire des histoires
Vert	livres documentaires	pour avoir des informations sur la nature
Bleu	livres pour fabriquer	pour construire ou fabriquer des choses
Rose	livres d'art	pour regarder des photos de sculptures ou de peintures d'artistes

Tableau de classification

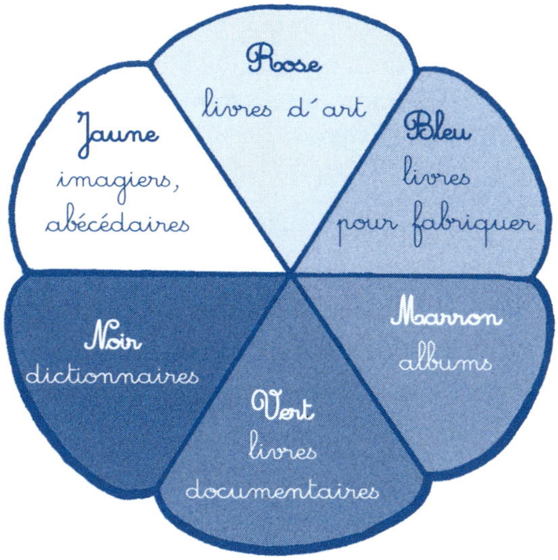

Marguerite de classification

Afin d'aider les élèves à se souvenir de ces découvertes, une photocopie de la couverture de chaque livre est placée à côté de chaque définition.

Pour en faciliter la lecture, les cases peuvent être coloriées dans la couleur impartie.

Ainsi, les enfants prennent conscience des différents types d'écrits à leur disposition et apprennent à les nommer.

Cinquième séquence

En groupe-classe

• Phase de réinvestissement et d'entraînement

Les enfants sont répartis en six groupes, chacun représentant un des types d'ouvrages. Ils sont chargés de retrouver les livres dans la bibliothèque de classe et d'y coller une gommette de la bonne couleur.

L'enseignant précise qu'en cas de doute de leur part sur le classement d'un livre, il est préférable de laisser l'ouvrage de côté afin d'en discuter ensemble. Cela permet d'éviter des rangements non conformes.

La vérification est donc collective.

• Autres séances de réinvestissement

Lorsqu'un nouveau livre vient enrichir la bibliothèque ou bien est utilisé pour étudier un sujet, la classe décide collectivement de son rangement. Cela permet de réactiver régulièrement les connaissances quant aux différents types de livres.

• Évaluation

À l'occasion d'un rangement de la bibliothèque, chaque enfant a trois livres de types différents à ranger (un album, un livre documentaire et un troisième type de livre). L'enseignant évalue si l'enfant est capable de :

– identifier le rôle des différents livres ;

– justifier le nom du livre par rapport au contenu ;

– le ranger au bon endroit et justifier son choix.

Le rangement du matériel de la classe

Organisation de la vie quotidienne

Objectifs spécifiques :

- S'approprier le matériel et les différents « coins » de la classe.
- Connaître la fonction des différents objets pour les attribuer à un coin précis de la classe.
- Trier ou classer des objets par catégorie.
- Organiser et participer au rangement de la classe.

Compétences langagières :

• Langage en situation
- Nommer les différents coins de la classe.
- Nommer le matériel.
- Définir la fonction et le fonctionnement des coins et du matériel.
- Exprimer des procédures telles que : « Pour aller plus vite, on peut… » ; « Pour bien ranger, on peut… » ; « Il ne faut pas mettre ça là ».

• Langage d'évocation
- Se remémorer les noms des différents coins et du matériel qui leur correspond.
- Se remémorer les procédures utilisées pour ranger plus rapidement (trier, classer).

• Langage écrit
- Utiliser des affichages référents pour ranger.
- Associer l'écrit à l'image pour le rendre compréhensible.

Matériel :

- Des affiches.
- Les photos des différents coins de la classe ou des images prises dans des magazines.
- Des ciseaux.
- De la colle.
- Des étiquettes portant le nom des coins de la classe.
- Le matériel des différents coins.

Première séance

En groupe-classe, dans le coin regroupement

• Mise en situation

Dès les premiers jours de classe, l'enseignant fait observer aux enfants le désordre qui règne dans la classe. Il soulève la question du rangement. Afin de développer l'autonomie des enfants face à l'appropriation du matériel ou à son rangement, il est nécessaire d'organiser, avec eux, les différents coins de la classe et de leur apprendre à les nommer.

• Émergence du premier problème

Comment et où ranger le matériel ? Comment mieux connaître les différents coins de la classe ?

• Phase de recherche

L'enseignant a rassemblé dans une grande caisse un exemplaire de chaque matériel le plus souvent utilisé dans la classe.

La consigne suivante est donnée : chacun doit prendre un objet, réfléchir à l'endroit le plus approprié pour le ranger et expliquer ce choix.

• Phase de verbalisation

Les élèves s'expriment sur les procédures et les solutions trouvées :

« J'ai pris un pinceau ; c'est pour faire de la peinture : il faut le mettre près du tableau de peinture.

– J'ai une assiette ; c'est pour faire semblant de manger dans le coin cuisine.

– Ça, c'est pour mettre de l'eau aux plantes, on peut le mettre près de la plante. »

L'enseignant fait nommer ou nomme l'objet quand les enfants ne trouvent pas tout seuls.

• Phase de validation

Chaque enfant va ranger son matériel dans le coin correspondant.

• Phase de conceptualisation

Les enfants comprennent que chaque matériel a une fonction et une place précises dans un coin de la classe. Ils apprennent à se repérer, à nommer et à identifier le rôle de chaque coin de la classe.

Deuxième séance

En groupe-classe, dans le coin regroupement

• Mise en situation

L'enseignant donne aux élèves des étiquettes stipulant le nom de chaque coin. Ils ont pour consigne de les placer dans le coin correspondant de la classe en vue d'une présentation aux parents. L'enseignant propose à un enfant d'aller placer une étiquette au bon endroit, mais celui-ci rétorque qu'il ne peut pas lire l'étiquette.

• Émergence du deuxième problème

Que faudrait-il faire pour rendre l'étiquette compréhensible ?

• Phase de recherche

Cette activité se déroulant en début d'année, le travail autour de l'écrit n'est pas vraiment réalisable : seuls très peu d'enfants commencent à faire des correspondances entre les sons et les lettres. Ils ne parviennent donc pas à lire les étiquettes, d'autant qu'aucune d'entre elles ne correspond au début du prénom d'un enfant de la classe.

L'enseignant oriente alors les enfants vers d'autres écrits de la classe et leur demande comment ils arrivent à les lire.

• Phase de verbalisation

Voici quelques exemples d'échanges :

« Là, je sais que c'est écrit Agathe, parce qu'il y a sa photo.

– Là, je sais que c'est Maëlle car ça commence comme mon prénom. »

L'enseignant suggère de trouver d'autres écrits :

« Sur le livre, le titre, c'est écrit !

– Je me souviens : c'est écrit *Tom va à l'école*. »

L'enseignant demande aux enfants comment ils ont fait pour s'en souvenir.

« Parce que tu l'as lu l'autre jour.

– Parce qu'on voit Tom sur la couverture. »

Il interroge alors les élèves : comment pourraient-ils faire pour lire les étiquettes ?

« Tu peux les lire et on retient dans notre tête.
– Oui, mais il y a beaucoup d'étiquettes…
– On pourrait mettre une image comme sur le livre de Tom.
– On pourrait mettre une photo du coin cuisine, avec l'étiquette. »

• Phase de validation

Celle-ci se déroule dans le coin regroupement. L'enseignant rappelle l'idée de mettre une photo du coin cuisine, pour illustrer l'étiquette-mot. Il lit chaque étiquette-mot et les enfants désignent la photo correspondante.

Photos et étiquettes sont ainsi associées pour produire des affichages sur feuille A4. Les enfants vont ensuite les installer dans chaque coin.

• Phase de conceptualisation

Désormais capables de nommer chaque coin de la classe, les élèves ont pris conscience qu'une image peut aider à la compréhension de l'écrit si l'on ne sait pas lire.

L'enseignant leur explique que leurs parents savent lire et que, même si on enlève les images, ils sauront le nom du coin : c'est ainsi qu'est mise en valeur la fonction structurante de l'écrit.

Troisième séance et suivantes

En groupe-classe
Sauf la phase de recherche, en ateliers de 6 à 7 enfants

Les enfants sont invités à ranger précisément et quotidiennement les objets utilisés en classe. L'organisation doit donc être affinée.

Chaque séance correspond ici à la recherche du rangement des objets, pour un coin précis : coin peinture, coin chambre, coin cuisine, coin jeux, coin bibliothèque, coin plantations, coin petit matériel manuel, etc.

• Émergence du troisième problème

Comment organiser et matérialiser le rangement des différents coins ? Comment matérialiser l'emplacement des objets dans chaque coin ?

• Phase de recherche

L'activité se déroule dans un coin précis, par exemple la cuisine. Chaque atelier s'occupe d'un coin de la classe (ou deux). L'enseignant a rassemblé tous les objets dans une grande caisse et fait rappeler le problème par les enfants.

Rangement

Les élèves ont pour consigne de ranger le matériel dans le coin cuisine. Certains prennent un seul objet faisant partie d'une série et vont le placer dans un endroit qu'ils choisissent ou à l'endroit où il y a déjà un objet de cette série ; d'autres prennent d'emblée toute une série d'objets dans la caisse (par exemple : tous les bols) et les rangent également.

Matérialisation du rangement

L'enseignant vérifie l'organisation. S'il constate que le matériel est bien rangé, il soulève la question suivante : que faudrait-il faire pour que l'on se souvienne de l'emplacement de chaque objet ? La question est traitée en phase de verbalisation.

• Phase de verbalisation

Les enfants de l'atelier expliquent aux autres la façon dont ils ont rangé (le classement des objets). Ils insistent sur le fait que ce sont eux qui ont choisi ce rangement et que, désormais, il faudra toujours mettre les objets à tel ou tel endroit, puisqu'ils l'ont décidé. Le groupe s'interroge sur les moyens de l'appliquer.

L'utilisation des étiquettes est proposée. Cela permet aux autres enfants de reproduire le classement.

• Phase de validation

Les élèves réinvestissent la démarche précédente, utilisée pour matérialiser les différents coins de la classe. Ils décident de mettre à la place de chaque objet son nom et une photo. Pour des raisons financières et/ou pratiques, l'enseignant propose d'utiliser des magazines pédagogiques pour découper les photos des objets.

• Phase de conceptualisation

Lors de cette séance, les enfants comprennent que :

– la photo globale du coin n'est pas assez explicite pour voir l'emplacement de chaque objet et connaître son rangement. Il faut donc ajouter un complément d'information ;

– pour le rangement, il est nécessaire de faire un classement, c'est-à-dire mettre ensemble tous les objets d'une même série ;

– pour matérialiser le classement, il est nécessaire de concevoir des affichettes.

Autres séances

• Phase d'entraînement et de réinvestissement

Chaque jour, les élèves rangent le matériel en fonction des affichettes. Progressivement, il est possible de supprimer les photos des objets pour ne laisser que l'écrit. Il faudra le cas échéant créer des imagiers de chaque coin de la classe auxquels l'enfant pourra se référer au besoin.

Il sera possible également de modifier l'organisation du rangement des coins, pour que les enfants recherchent réellement des indices dans l'écrit et non des repères purement spatiaux.

• Évaluation

L'enseignant évalue si l'enfant est capable de :

– repérer et nommer les différents coins de la classe ;

– repérer et nommer le matériel de la classe ;

– le ranger correctement.

Le message à la gardienne

Organisation de la vie quotidienne

Première séquence

Objectifs spécifiques :	– Utiliser l'écrit pour transmettre des informations (en dictée à l'adulte). – Connaître les différentes composantes d'un message à transmettre : expéditeur, destinataire, contenu du message. – Prendre conscience de la fonction mémorielle d'un écrit.
Compétences langagières :	• Langage en situation – Exprimer des procédures : « Il faut, il ne faut pas… » ; « On peut, on ne peut pas… » ; « On écrit… ». – Donner des informations. • Langage d'évocation – Se remémorer les informations à transmettre ainsi que les procédures déjà réalisées au cours des différentes phases. • Langage écrit – Dicter un message à l'adulte. – Connaître la fonction d'un écrit et l'utiliser.
Matériel :	– Des feuilles. – Des feutres.

Première séance

En groupe-classe

• Mise en situation

En début d'année, une rencontre avec la gardienne permet aux élèves de faire connaissance avec elle et de connaître ses fonctions.

Elle explique que, tous les matins, la classe devra lui annoncer le nombre d'enfants mangeant à la cantine et au goûter.

N.B. : Dans certaines écoles, c'est une ATSEM qui assure cette fonction.

• Émergence du problème

Comment transmettre ce message à la gardienne ?

• Phase de recherche

La classe opte rapidement pour une transmission orale. Comme tous les enfants ne peuvent pas se déplacer en même temps sans risquer de déranger les autres classes, il est décidé que deux enfants seront responsables, à tour de rôle, de cette transmission.

Au bout de quelques jours, la classe se rend compte que certains messages ont été mal transmis, soit parce que les deux élèves responsables se sont avérés timides, soit parce qu'ils ont oublié de dire certaines choses.

Deuxième séance

En groupe-classe

• Nouvelle phase de recherche

L'enseignant rappelle le problème et s'assure qu'il est compris par tous les élèves.

Dans le but d'obtenir une meilleure concentration, un temps de recherche individuelle et silencieuse est respecté, pendant lequel les enfants recherchent de nouvelles solutions.

• Phase de verbalisation

Ils s'expriment sur les procédures et les solutions trouvées :

« Il ne faut pas être timide.

– Il faut bien se rappeler.

– Il faut leur faire répéter avant qu'ils partent.

– On peut écrire sur un papier. »

• Phase de validation

La référence à d'autres écrits qui ont pour fonction d'aider à se souvenir (prénoms sur les dessins, liste de prénoms, affichage de mots référents, etc.) doit permettre aux enfants de trouver la solution du message écrit.

Ils finissent par proposer à l'enseignant d'inscrire sur une feuille le nombre d'enfants présents à la cantine et au goûter.

Sous la dictée des enfants, l'enseignant s'exécute.

Séances suivantes

En groupe-classe

En fonction de la plus ou moins bonne compréhension de la gardienne, on peut aller jusqu'à quatre séances.

• Nouvelle phase de recherche et de verbalisation

Les éléments du message font l'objet de nouvelles discussions et expérimentations.

Chaque oubli concernant l'expéditeur, le destinataire ou le contenu entraîne l'incompréhension de la gardienne qui se voit obligée de venir à trois reprises dans la classe pour demander des précisions :

« À quoi correspondent les nombres ? »

Les enfants sont tenus de préciser le contenu : il est indispensable de s'exprimer en faisant des phrases et en donnant toutes les informations.

« Est-ce que ce papier est pour moi ? »

La question les oblige à préciser le nom du destinataire.

« Comme j'ai des nombres pour toutes les classes, je ne sais plus de quelle classe il s'agit ! »

Cette intervention amène les enfants à préciser le nom de l'expéditeur.

• Phase de validation

L'enseignant demande aux enfants d'énumérer toutes les conditions pour que le message arrive bien à la gardienne et qu'il soit suffisamment clair pour qu'elle le comprenne :

« Il faut dire que le chiffre, c'est pour le nombre d'enfants qui mangent à la cantine et l'autre c'est pour le goûter.

– Il vaut mieux lui écrire un mot plutôt que de lui dire.

– Il faut écrire son nom.

– Il faut écrire nos prénoms. »

(L'enseignant explique qu'écrire tous les prénoms prendrait trop de temps et propose d'écrire le nom de la classe à la place.)

Les élèves prennent conscience que chacune de ces informations compte lorsqu'il s'agit de transmettre un message écrit et d'être compris.

L'enseignant précise que, pour mémoriser ce qui vient d'être dit, il est nécessaire d'écrire une fiche qui permettra de ne pas oublier ce qu'il faut mettre dans un message écrit.

• Phase de conceptualisation

Les enfants élaborent en dictée à l'adulte une fiche conseil qui les aidera à écrire et à envoyer des messages (en surveillant leur diction) :

Pour écrire un message, il faut :

Un destinataire → le nom de celui à qui on écrit

Un contenu → les renseignements utiles

Un expéditeur → le nom de celui qui écrit

À l'issue de cette phase, les enfants doivent être capables :

– de comprendre l'utilité d'un message écrit ;

– d'élaborer un message simple de type informatif (avec ses différentes composantes).

Exemple de production :

Zéna,

18 enfants mangent à la cantine.

11 enfants mangent au goûter.

Les enfants de la classe jaune

Autres séances

En ateliers

• Phase d'entraînement et de réinvestissement

Au cours de l'année, les enfants sont amenés à écrire d'autres messages en utilisant la même méthode :

– aux parents ;

– au père Noël ;

– au syndicat d'initiative pour demander des renseignements dans le cadre de la classe de découverte ;

– aux correspondants ;

– à la maîtresse du CP ;

– etc.

• Évaluation

Lors de la classe de découverte en fin d'année, de l'organisation d'un goûter ou d'une exposition, l'enseignant évalue les compétences de chaque élève à informer ses parents.

L'enfant est capable de :

– connaître la fonction d'un message ;

– transmettre un message en le dictant à l'adulte ;

– respecter l'organisation et les composantes d'une lettre : un expéditeur, un destinataire et un contenu.

Deuxième séquence

Objectifs spécifiques :

– Utiliser des écrits référents pour lire ou produire des écrits.
– Savoir segmenter la phrase en mots, les mots en syllabes et les syllabes en phonèmes.
– Distinguer mot et syllabe.
– Reconnaître les sons constitutifs du langage.

Compétences langagières :

• Langage en situation
– S'approprier les règles qui régissent la structure de la phrase.

- Utiliser de manière adaptée les principales classes de mots (sujet, verbe, complément).
- Exprimer une procédure : « Il faut… ».
- • Langage écrit
- Lire une phrase.

Matériel :
- Des feuilles.
- Des crayons à papier.
- Des affichages référents.

Première séance

En groupe-classe

• Mise en situation

L'enseignant ajoute dans le message à la gardienne (écrit en séquence 1) une phrase mystère, sous le regard des élèves.

• Émergence du problème

Les élèves sont amenés à se demander : qu'a écrit l'enseignant ?

• Phase de recherche

Spontanément, les enfants recherchent dans les écrits référents ou dans leurs souvenirs les mots, les syllabes ou les sons qu'ils reconnaissent et essaient de faire du sens.

Par exemple, l'enseignant écrit : « Ce midi, je mange à la cantine. » Cette phrase est choisie car elle est formée de syllabes contenues dans les prénoms des enfants ou dans des mots fréquemment utilisés.

La plupart des enfants reconnaissent des mots déjà connus (*mange, cantine, la, je, à*). Ils retrouvent dans le prénom *Alice* la syllabe *ce*, le *mi* de *ami* et le *di* de *dimanche*. Ainsi, progressivement, au besoin avec l'aide de l'enseignant, ils arrivent à déchiffrer la phrase écrite. L'enseignant ou un enfant redit la phrase dans sa globalité et interroge sur son sens : « Que veut dire cette phrase ? »

La classe relit la phrase et quelques enfants viennent montrer les mots en relisant pour bien faire le lien entre la chaîne orale et la chaîne écrite.

Deuxième séance

En groupe-classe

• Nouvelle phase de recherche

Le jour suivant, au moment de l'écriture du message à la gardienne, l'enseignant écrit à nouveau la même phrase et invite les enfants les moins performants à la lire. Certains éprouvent quelques difficultés et l'enseignant invite alors ceux qui ont la réponse à expliquer leurs démarches. Les enfants font des comparaisons de mots, de syllabes, de lettres. L'enseignant peut les inciter à utiliser aussi l'analyse phonologique des sons de la langue.

• Phase de verbalisation

Les élèves s'expriment sur les procédures utilisées et les diverses solutions trouvées :

– « Pour le mot *ce*, j'ai vu la lettre C et la petite boucle du E comme à la fin de *Alice* et je sais que ça fait *ce* quand on dit *A-li-ce*. »

– « Pour le mot *midi*, il y a deux I et j'ai vu le M, ça fait *mi* comme dans *ami* et alors j'ai vu aussi le *di* de *dimanche* : *mi* et *di* ça fait *midi* et à midi on mange. J'ai vu après *mange* que je connais parce qu'il est écrit là ! »

– « Le petit mot qui est là (*je*), il est sur les panneaux où on met nos étiquettes pour dire si on mange ou on ne mange pas. » (Ce tableau comporte deux colonnes : « je mange à la cantine » et « je ne mange pas à la cantine ».)

– Les autres mots, *à la cantine*, sont aussi écrits sur le même panneau.

Troisième séance

En groupe-classe

• Nouvelle phase de recherche

L'enseignant modifie la phrase et propose : « Ce midi, je ne mange pas à la cantine. » Il demande à la classe de chercher une solution pour la lire.

Phase de validation

Les enfants lisent la phrase en se remémorant et en utilisant les procédures précédentes. Puis l'enseignant reprend en groupe les élèves qui éprouvent des difficultés pour refaire le travail plus lentement et en étapes.

Phase de conceptualisation

La procédure est rappelée collectivement.

Pour lire une phrase, il faut:

– regarder la phrase en prenant chaque mot un par un, en commençant par le premier;
– essayer de voir si on les connaît parce qu'on les a déjà vus quelque part (lecture par la voie directe);
– regarder les lettres une par une quand on ne reconnaît pas le mot et dire le son qu'elles font, puis associer les sons (lecture par la voie indirecte);
– retrouver des syllabes connues (comparaison avec des mots connus ou analyse phonologique);
– lire la phrase dans sa globalité pour voir si elle a du sens.

Autres séances

En ateliers

Phase d'entraînement et de réinvestissement

Au cours de l'année, les enfants sont amenés à lire d'autres phrases en utilisant les mêmes procédures.

Évaluation

Au cours de séances suivantes, l'enseignant évalue les compétences des élèves en vérifiant s'ils sont capables de:

– utiliser la linéarité et le sens gauche-droite de la lecture;
– reconnaître des mots connus par comparaison ou par mémorisation;
– utiliser les sons des lettres pour former des syllabes, puis des mots;
– comprendre le sens d'une phrase;
– utiliser les composantes d'une phrase pour lui donner du sens (deviner un mot d'après le début ou à partir de ce qu'on a compris de la phrase).

Les titres d'albums

Autour de la compétence «Se préparer à apprendre à lire et à écrire»

Objectifs spécifiques :

- Connaître la structure d'une phrase et certaines de ses composantes : sujet, verbe, complément..
- Modifier une phrase en proposant des mots qui lui permettent de garder du sens.
- Pouvoir montrer où sont placés les mots prononcés par l'enseignant ou par un autre enfant.
- Produire une phrase orale syntaxiquement correcte.
- Utiliser des écrits référents pour produire un écrit.

Compétences langagières :

- Langage en situation
  - Exprimer des procédures ou des solutions trouvées.
- Langage d'évocation
  - Se remémorer les procédures déjà utilisées précédemment.
- Langage écrit
  - Produire une phrase.

Matériel :

- Des feuilles.
- Des feutres.
- Des albums autour du thème de l'école, par exemple :
  - *Tom va à l'école,* de Christophe Le Masne et Marie-Aline Bawin, Mango Jeunesse, 1996.
  - *Timothée va à l'école,* de Rosemary Wells, traduit de l'anglais par Catherine Chaine, l'École des loisirs, 2007.
  - *Calinours va à l'école,* de Alain Broutin et Frédéric Stehr, l'École des loisirs, 1997.
  - *Petit Lapin va à l'école,* de Harry Horse et Claude Lager, l'École des loisirs, 2007.
- Mots écrits sur des étiquettes cartonnées.

Première séance

En groupe-classe puis en atelier

• Mise en situation

Depuis la rentrée, les élèves découvrent des livres sur le thème de l'école: lecture par l'adulte, manipulation libre dans le coin bibliothèque. Ces livres sont tous placés sur un présentoir, bien visibles, dans la bibliothèque.

L'enseignant écrit une phrase au tableau, par exemple « *Tom va à l'école* », en indiquant aux élèves qu'il s'agit du titre d'un livre connu. Silencieusement, dans un premier temps, chacun essaie de deviner le titre puis est invité à chuchoter sa réponse à l'oreille de l'enseignant. Quand tous les élèves ont proposé un titre, il s'adresse d'abord à ceux qui ont donné une réponse erronée, puis il sollicite ceux qui ont donné la bonne réponse en leur demandant, dans les deux cas, d'expliciter leur démarche.

Exemples de résultats et démarches:

- aucune proposition n'est donnée;
- la proposition est erronée:
  - elle est donnée sans justification;
  - elle est proche du titre et contient des mots similaires vus dans d'autres albums;
  - elle est proche du titre et contient des mots connus visuellement, utilisés et affichés;
- la proposition est exacte, elle est donnée:
  - en comparant avec la couverture de l'album visible sur le présentoir;
  - en comparant avec des mots connus et affichés;
  - en reconstituant les mots avec les lettres et/ou des syllabes connues.

Pour terminer cette étape, la phrase « *Tom va à l'école* » est lue collectivement. Un enfant désigné retrouve le livre exposé dans la bibliothèque; il est aidé, si nécessaire, par les autres élèves. Chacun vient ensuite relire la phrase en suivant chaque mot avec le doigt.

• Émergence du problème

L'enseignant propose aux enfants de transformer le titre d'album, en veillant à ce qu'il ait du sens et en ne changeant qu'un seul mot ou une seule partie de la phrase, à l'oral et à l'écrit. Le problème se pose alors : Comment produire ce nouveau titre d'album ?

• Phase de recherche

Les enfants proposent différentes phrases à l'oral. Dans un premier temps, ils changent le sujet *Tom* et le remplacent par un prénom. Dans un deuxième temps, sur la sollicitation de l'enseignant, ils changent le complément en le remplaçant par un autre. Dans un troisième temps, l'enseignant leur demande de modifier l'action du héros: « Que pourrait-il faire d'autre ? » (Par exemple, « *Tom chante à l'école* ».)

Deuxième séance

En groupe-classe

• Nouvelle phase de recherche

L'enseignant présente de nouveau la phrase initiale, cette fois sous forme d'étiquettes. Il va supprimer une étiquette, demander aux élèves de dire le mot supprimé et de le remplacer par un autre mot de même nature et qui permet à la phrase de conserver du sens. Chacun dit sa phrase oralement.

– Exemple de phrases proposées en ôtant l'étiquette-sujet:
Caroline va à l'école.

– Exemple de phrases proposées en ôtant l'étiquette-complément:
Tom va au restaurant.

– Exemple de phrases proposées en ôtant l'étiquette-verbe:
Tom mange à l'école.

Dès lors que les élèves réussissent l'activité à l'oral, il leur est demandé de produire individuellement une phrase à l'écrit en utilisant des mots connus ou en demandant, si nécessaire, de l'aide à l'enseignant pour écrire un mot graphiquement inconnu. Puis chacun illustre sa phrase.

Exemple de production par Agathe

• Phase de verbalisation

Les élèves s'expriment sur les procédures et les solutions trouvées :

« J'ai cherché la phrase d'abord dans ma tête.

– J'ai trouvé les mots que je savais pas écrire dans les affiches de la classe.

– Moi j'ai cherché dans un livre que je connaissais.

– Moi j'ai essayé de faire des mots avec des lettres en les écoutant bien dans ma tête. J'ai presque réussi à écrire *restaurant*.

– Moi j'ai pris mon prénom et le prénom de ma copine, je savais les écrire.

– Moi j'ai mis *papa* parce que je sais écrire le mot.

– Et moi c'était *maman*. »

• Phase de validation

Les enfants sont répartis en ateliers.

Chaque production est lue par son auteur et les élèves valident ou non l'écrit. La validation se fait à l'aide de différentes procédures : en utilisant des affichages de la classe, en utilisant d'autres formes d'écrits (dictionnaires, imagiers...), en utilisant les connaissances des élèves. L'enseignant demande à chaque enfant de relire sa phrase mot à mot. Chaque mot est vérifié. Quand un mot pose problème, l'enfant essaie d'y remédier et les autres l'aident dans sa démarche. L'enseignant écrit la phrase corrigée sur une ardoise et l'enfant concerné la recopie sur une feuille.

Troisième séance

En groupe-classe

• Phase de conceptualisation

L'enseignant demande aux enfants de lister ce qu'il faut faire quand on veut écrire une phrase :

Pour écrire une phrase, il faut :

- la dire dans sa tête ;
- la couper en mots ;
- prendre le premier mot puis :
  - soit écrire ce mot parce que l'on a mémorisé son écriture ;
  - soit le recopier car on le voit sur un écrit ;
  - soit le couper en syllabes (le scander), prendre la première syllabe, couper cette syllabe en sons, traduire les sons par des lettres et écrire ces lettres.
- faire de même avec les autres mots.

Autres séances

En ateliers

• Phase d'entraînement et de réinvestissement

Au cours de l'année, les enfants sont amenés à écrire d'autres phrases en utilisant la même méthode : par exemple, à l'issue de la lecture de plusieurs albums sur le thème de la rentrée (*cf. La Rentrée de la famille Cochon,* de Marie-Agnès Gaudrat, Bayard Éditions, coll. « Les Belles Histoires », 2003).

L'enseignant peut inviter les élèves à imiter la couverture originale en illustrant le nouveau titre écrit.

Exemple de production par Agathe

• Évaluation

L'enseignant évalue les compétences de chaque élève en vérifiant s'il est capable de :

- scinder une phrase en mots ;
- se repérer dans les affichages de la classe ;
- mettre en relation des sons et des lettres pour produire des mots ;
- mémoriser des écritures de mots.

Devenir élève

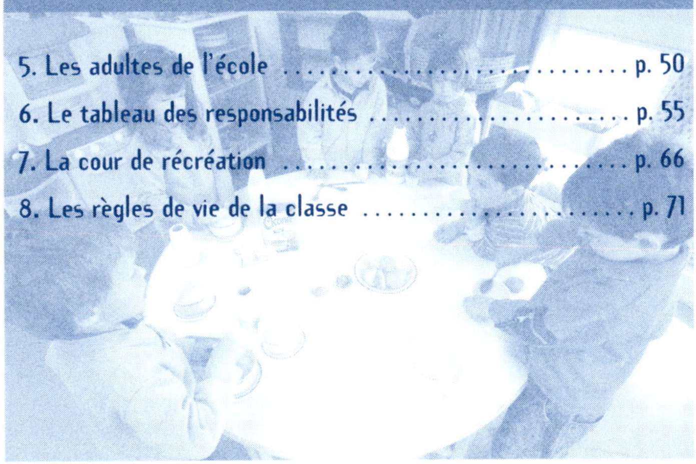

Les adultes de l'école

Organisation de la vie quotidienne

Objectifs spécifiques :	– Construire une fiche d'identité. – Comprendre l'utilité des affichages. – Réaliser une enquête.
Compétences langagières :	• Langage en situation – Poser des questions. – Comprendre des informations. – Exprimer des procédures : « Il faut aller... » ; « Il faut demander... » ; « On écrit... ». • Langage d'évocation – Se remémorer les informations relatives aux noms et fonctions des diverses personnes et des lieux de l'école. • Langage écrit – Dicter un message à l'adulte. – Connaître la fonction d'un écrit (la signalétique) et l'utiliser. – Prendre conscience de la fonction mémorielle d'un écrit.
Matériel :	– Un appareil photo. – Des feuilles. – Des crayons. – Le cahier de vie.

Première séance

En groupe-classe, dans le coin regroupement

• Préalable

En début d'année, l'enseignant se présente et les enfants font de même. Chacun dit son prénom mais certains ne connaissent pas leur nom de famille. Afin de pallier ce manque, l'enseignant colle dans les cahiers de vie des enfants une feuille à renseigner par l'enfant avec l'aide des parents :

Je me présente	
Mon nom :	Ma photo :
Mon prénom :	
Ma classe :	
Mon âge :	

Le cahier de vie est un cahier individuel, propre à chaque enfant. Il contient tous les événements importants pour lui (ceux de l'école et ceux de la maison), sous forme d'écrits, de dessins et de photos. C'est le lien entre la maison et l'école : l'enfant l'emmène tous les week-ends chez lui pour le compléter et il le ramène le lundi pour le raconter à la classe.

• Mise en situation

Après la lecture des cahiers de vie, chaque élève réalise une production de son portrait sur feuille A5, dessiné le plus fidèlement possible par rapport à la photo, et inscrit son prénom.

Afin que toutes les familles repèrent la classe et connaissent les prénoms des enfants, ces productions sont affichées à la porte.

Les enfants et l'enseignant invitent l'ATSEM à faire de même pour qu'elle soit davantage identifiée par les parents.

L'enseignant conduit les enfants à s'interroger sur les autres adultes de l'école. Par exemple, la directrice : « On la connaît ? Où est-elle ? Que fait-elle ? »

• Émergence du premier problème

Comment faire pour connaître les autres adultes de l'école ?

• Phase de recherche et de verbalisation

Que faut-il faire pour connaître un adulte ?

Les élèves s'expriment sur les procédures et les solutions trouvées :

« Il faut aller lui dire bonjour.

– Il faut aller dans chaque endroit de l'école.

– Il faut lui demander comment il s'appelle.

– Il faut lui demander ce qu'il fait. »

L'enseignant s'appuie sur les propositions des élèves pour relancer le questionnement :

« Est-ce qu'on peut aller voir les adultes comme ça ? Est-ce qu'on ne va pas les déranger ? »

L'enseignant souligne ainsi une autre facette du problème : la nécessité de faire des demandes s'impose.

• Phase de validation

Il est décidé d'écrire un message pour chaque adulte. L'enseignant aide à formuler la demande (objet, raisons) et écrit le texte :

Ce message est photocopié et distribué à tous les adultes de l'école.

> *Afin de mieux vous connaître, nous aimerions savoir quand nous pourrions vous rencontrer pour vous poser quelques questions.*

Deuxième séance

En groupe-classe

• Mise en situation

Les enfants reçoivent une réponse positive à leur demande et partent à la rencontre d'un premier adulte.

De retour en classe, les enfants constatent que, d'une part, face à l'adulte, des questions ont été omises et que, d'autre part, ils ont oublié certaines réponses. Ils remarquent également que certaines sont incomplètes. Par exemple, s'ils ont eu l'idée de demander à l'adulte son prénom, ils n'ont pas pensé à lui demander son nom de famille, alors que la fiche individuelle du cahier de vie précise cette information.

• Émergence du deuxième problème

Comment faire pour ne pas oublier les questions à poser et les renseignements donnés ?

• Phase de recherche et de verbalisation

Les enfants se rappellent la fiche du cahier de vie :

« Il faut faire comme pour nous.

– Il faut écrire nom, prénom sur une feuille et demander à l'adulte d'écrire comment il s'appelle.

– On veut aussi savoir ce qu'il fait dans l'école. »

L'enseignant prépare une fiche avec les rubriques souhaitées par les enfants :

Je me présente
Mon nom :
Mon prénom :
Ce que je fais dans l'école :
Où je travaille :

Troisième séance

En groupe-classe

• Phase de validation

La classe se déplace pour aller rencontrer chaque adulte de l'école et fait remplir la fiche élaborée dans la séance précédente.

Toutes les fiches de renseignements sont accrochées sur le tableau d'affichage. Les enfants sont invités à les relire et s'aperçoivent que l'écrit ne leur suffit pas pour savoir à qui appartient chaque fiche.

L'enseignant fait remarquer aux enfants que les parents savent lire mais que ces fiches ne leur suffiraient pas non plus pour identifier chaque adulte.

• Émergence du troisième problème

Comment faire pour que les enfants sachent à qui appartient chaque fiche ?
Comment faire pour que les parents puissent identifier chaque adulte ?

• Phase de recherche et de verbalisation

Les élèves font référence au contenu des fiches de leurs cahiers de vie, les regardent et constatent :

« Il manque les photos.

– Il faut qu'on aille prendre des photos de chaque adulte. »

L'enseignant propose également de prendre une photo du lieu où travaille chaque adulte.

• Phase de validation

Pour chaque adulte, les documents suivants sont rassemblés afin de réaliser un affichage à l'entrée de l'école qui facilitera le repérage des parents : une photo de l'adulte en question ; la photo de son lieu de travail ; une fiche faisant mention de son prénom, son nom et sa fonction ; quelques exemples de ses activités en photo et/ou en écrit, selon les moyens de l'école.

• Phase de conceptualisation

Les enfants prennent conscience de l'importance de certaines étapes pour mieux faire connaître l'école et communiquer avec leur entourage :

– construire une fiche d'identité pour mieux identifier une personne en donnant des indications telles que nom, prénom, fonction ;

– partager des découvertes avec les autres classes et les familles en organisant un affichage pour véhiculer des informations ;

– créer et afficher un trombinoscope pour que tout le monde se connaisse.

Autres séances

• Phase d'entraînement et de réinvestissement

Afin d'aider au repérage dans l'école, les élèves installent sur chaque porte une signalétique comportant le nom du lieu, les noms et prénoms de la ou les personnes s'y référant et leurs fonctions. Ces panneaux peuvent être colorés pour en faciliter l'identification (selon la couleur de la classe, par exemple).

• Évaluation

L'enseignant évalue les compétences des élèves ; il leur demande de construire la fiche d'identité du personnage principal d'un album en :

– nommant un personnage ;

– retrouvant son image dans l'album ;

– décrivant ses caractéristiques ou son rôle.

Le tableau des responsabilités

Organisation de la vie quotidienne

1. LA CONSTRUCTION

En groupe-classe

Ce travail est divisé en séquences espacées et réparties dans l'année en fonction du contexte propre à chaque classe (nombre d'élèves, autonomie et maturité).

Objectifs spécifiques :
- Participer à la construction d'affichages référents (listes, tableau des responsabilités) et utiliser ces écrits.
- Jouer son rôle au sein de la classe en adoptant un comportement qui tient compte des contraintes de la vie collective.
- Accepter et gérer des responsabilités de façon de plus en plus autonome au cours de l'année.

Compétences langagières :
- • Langage en situation
- – Exprimer des procédures : « il faut, on peut... ».
- • Langage d'évocation
- – Se remémorer les prénoms.
- – Se remémorer les actions relatives aux responsabilités.
- • Langage écrit
- – Dicter un message à l'adulte.
- – Lire les prénoms.
- – Construire et découvrir la notion de liste.
- – Comprendre l'intérêt et l'usage d'un écrit fonctionnel : le tableau des responsabilités.

Matériel :
- Des étiquettes-prénoms.
- Des feuilles A3 de différentes couleurs.
- Des gommettes.
- Des pinces à linge de différentes couleurs.

Première séquence

• Mise en situation

En début d'année, l'enseignant fait l'inventaire avec les enfants des tâches rituelles à accomplir chaque jour :

– coller la feuille de l'éphéméride pour construire le calendrier de la classe ;

– compter les enfants présents ;

– compter les enfants qui mangent à la cantine ;

– compter les enfants qui mangent au goûter.

D'autres responsabilités peuvent être introduites en cours d'année en fonction des projets et de l'aménagement de la classe :

– arroser les plantes ;

– nourrir les animaux ;

– préparer la collation…

• Émergence du premier problème

En début d'année, l'enseignant invite les enfants volontaires à accomplir une responsabilité : compter les enfants présents, par exemple. Très rapidement, les enfants remarquent que ce sont toujours les mêmes qui agissent. D'où l'émergence du problème : comment être responsable chacun son tour sans oublier personne ?

• Phase de recherche et de verbalisation

Les enfants proposent différentes solutions :

« L'enfant qui l'a déjà fait doit le dire.

– Il faut écrire le prénom de l'enfant au tableau.

– Comme le tableau est effacé, il vaut mieux l'écrire sur une feuille.

– L'enfant qui l'a fait écrit son prénom sur une feuille.

– On peut coller son étiquette-prénom sur une feuille.

– Il ne faut pas que le prénom soit déjà sur la feuille. »

• Phase de validation

La classe décide de choisir la solution suivante : chaque jour, l'enfant responsable colle son étiquette-prénom sur une feuille A3 affichée en permanence au tableau.

Autres séances

Au quotidien, il faut relire les étiquettes-prénoms déjà collées pour savoir si l'enfant qui se propose peut être responsable ou non.

Après avoir effectué sa responsabilité, il colle son étiquette au-dessous du prénom qui précède.

Deuxième séquence

• Phase de conceptualisation

Quand ils ont tous collé leur étiquette, l'enseignant interroge les enfants sur cet écrit. Ces derniers découvrent que tous les prénoms des enfants de la classe apparaissent sur la feuille, les uns en dessous des autres. L'enseignant leur explique que cet affichage s'appelle une liste. Ensemble, ils ont construit la « liste des enfants de la classe ». Les enfants perçoivent l'utilité de cette notion dans les affichages référents.

• Phase d'entraînement et de réinvestissement

D'autres listes sont construites pour d'autres responsabilités. Par exemple, on choisit comme deuxième responsabilité : coller la feuille de l'éphéméride.

Elle est réalisée sur une feuille de couleur différente pour la distinguer de la feuille du comptage des présents.

Autres séances

Les enfants complètent quotidiennement les deux premières feuilles de responsabilités jusqu'à ce que chacun les ait accomplies.

Troisième séquence

• Mise en situation

Une fois que tous les élèves ont effectué leurs responsabilités, deux listes sont créées. Afin de gagner du temps chaque matin, il est décidé de conserver les mêmes listes pour un deuxième passage aux deux premières responsabilités et éviter ainsi le collage d'étiquettes.

• Émergence du deuxième problème

Comment indiquer quotidiennement qui est responsable pour chaque activité ?

• Phase de recherche et de verbalisation

Les enfants trouvent différentes solutions :

« On peut mettre une croix à côté du prénom.

– On colle une gommette.

– On fait un rond. »

• Phase de validation

La classe décide de choisir la solution suivante : chaque jour, l'enfant responsable colle une gommette sur la liste correspondante à côté de son prénom.

Autres séances

Cette pratique se poursuit pendant un deuxième tour de responsabilité, voire plusieurs.

Quatrième séquence

• Émergence du troisième problème

Au début du troisième tour, les enfants remarquent qu'il n'y a plus de place pour coller une deuxième gommette. Ils décident donc de refaire de nouvelles listes. Mais l'enseignant n'a plus qu'un seul jeu d'étiquettes.

Les enfants se rendent compte que l'on ne peut faire qu'une seule liste et s'interrogent sur la façon d'inscrire leur rôle quotidien dans les différentes responsabilités.

• Phase de recherche et de verbalisation

Ils tentent d'apporter des solutions :

« On peut mettre des gommettes de couleur, mais après on ne peut plus se servir de la liste…

– Ce serait bien de mettre des couleurs pour chaque responsabilité.

– On pourrait prendre les pinces à linge du coin peinture.

– Chaque responsabilité aurait une couleur de pince à linge. »

• Phase de validation

La classe décide de choisir la solution suivante : chaque jour, l'enfant responsable accroche une pince à linge en face de son prénom sur le côté de la feuille A3 qui sert de liste.

Les enfants qui n'ont pas encore été responsables n'ont pas de pince à linge à côté de leur prénom.

Autres séances

La classe pratique la solution validée sur plusieurs séances.

Cinquième séquence

• Émergence du quatrième problème

Très vite, les enfants se rendent compte qu'il n'y a ni assez de pinces à linge ni assez de place en face de leur prénom pour accrocher plusieurs pinces.

• Phase de recherche et de verbalisation

L'enseignant guide les élèves en proposant la solution suivante : ne garder qu'une seule pince par responsabilité et la faire coulisser de prénom en prénom, sur le côté de la feuille, pour respecter le « chacun son tour ».

Les pinces à linge sont de couleurs différentes pour différencier les responsabilités.

Autres séances

• Phase de validation

Chaque jour, les enfants font coulisser les pinces à linge sur la feuille. Ils constatent que ce système permet de respecter la règle du « chacun son tour ».

Sixième séquence

• Émergence du cinquième problème

Comme les enfants apprécient d'avoir des responsabilités, l'enseignant décide alors d'en rajouter, par exemple :

– compter les enfants qui mangent à la cantine ;

– compter les enfants qui mangent au goûter.

Il y a désormais quatre responsabilités et donc quatre pinces à linge de couleurs différentes. Les enfants rencontrent alors des difficultés à mémoriser la correspondance entre les couleurs des pinces à linge et les tâches à accomplir. Comment mémoriser cette correspondance ?

• Phase de recherche et de verbalisation

Soucieux du bon fonctionnement du tableau et décidés à conserver leurs responsabilités, les enfants recherchent des améliorations :

« Il faudrait écrire sur une affiche le nom des responsabilités avec la couleur à côté.

– On pourrait mettre une étiquette sur la pince à linge pour dire ce qu'il faut faire. »

• Phase de validation

La classe opte pour le choix de l'étiquette sur la pince à linge. Ensemble, les élèves et l'enseignant décident des phrases qui seront écrites sur chaque étiquette. Les enfants les dictent à l'enseignant :

– « colle la feuille du calendrier » ;

– « compte les enfants présents » ;

– « compte les enfants qui mangent à la cantine » ;

– « compte les enfants qui mangent au goûter ».

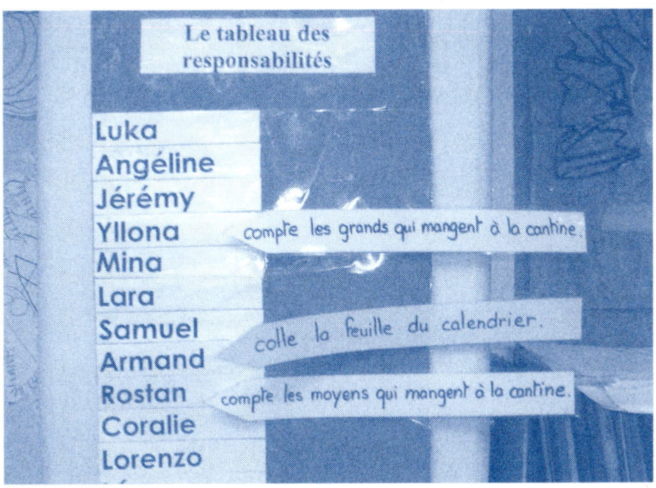

Exemple de tableau

• Phase de conceptualisation

Les enfants utilisent chaque jour cet écrit fonctionnel et prennent ainsi conscience progressivement de son avantage et de son utilité : il aide à respecter les règles de la vie collective et à se les remémorer. Cet outil est un affichage référent dans la classe : il est à la fois utilisable et réutilisable. Il est regardé et adapté régulièrement. Il favorise progressivement l'autonomie.

Autres séances

• Phase d'entraînement et de réinvestissement

Tout au long de l'année, les enfants utilisent l'outil qui, comme pour toutes les autres activités rituelles, comporte une progression (*cf.* ci-dessous, « 2. L'utilisation du tableau des responsabilités »).

• Phase d'évaluation

L'enseignant vérifie si l'enfant est capable de :
- se référer à un outil fonctionnel ;
- comprendre la notion de liste ;
- accepter et gérer une responsabilité.

2. L'UTILISATION DU TABLEAU

En groupe-classe

Ce travail est divisé en séquences espacées, réparties dans l'année en fonction du contexte propre à chaque classe (nombre d'élèves, autonomie et maturité).

Objectifs spécifiques :
- Trouver une solution pour relire les responsabilités.
- Mettre en relation deux écrits afin de les comparer.
- Renforcer son autonomie.

Compétences langagières :

• Langage en situation
– Exprimer des procédures.
– Expliquer sa démarche pour lire sa responsabilité.

• Langage d'évocation
– Se remémorer les prénoms.
– Se remémorer les actions relatives aux responsabilités.

• Langage écrit
– Connaître la signification du terme « mot ».
– Lire et mémoriser les mots usuels de la classe.
– Comprendre la permanence de l'écrit.

Matériel :

– Des étiquettes-prénoms de format 1/8e de A4.
– Une bande cartonnée (4 feuilles A4 scotchées entre elles dans la largeur) sur laquelle seront collées les étiquettes-prénoms (prévoir un espace en haut de la bande pour inscrire le titre : « Le tableau des responsabilités »).
– Des flèches découpées dans du carton épais avec des pinces à linge fixées à l'arrière par de la pâte à fixer. Sur chaque flèche sera inscrite une responsabilité.
– Des cartes au format A6 en cartoline sur lesquelles seront collés les mots et les illustrations réalisées par les enfants, correspondant aux responsabilités.

Séance effectuée tous les matins lors des rituels

• Mise en situation

Depuis le début d'année, la classe utilise le tableau des responsabilités. L'aide de l'enseignant est nécessaire pour la lecture des tâches. Les enfants, ayant acquis une relative autonomie et quelques compétences en lecture, manifestent de plus en plus leur envie d'indépendance.

• Émergence du problème

Comment savoir lire les prénoms et les tâches de chacun ?

• Phase de recherche et de verbalisation

Les élèves s'expriment sur les procédures et les solutions trouvées :

« On pourrait représenter un mot par un dessin.

– On pourrait faire une photo de l'enfant en train de faire.

– On pourrait découper des images dans des magazines.

– On pourrait écrire le mot en dessous du dessin ou de l'image. »

• Phase de validation

Les enfants choisissent de sélectionner un mot par tâche et de faire des dessins pour illustrer chaque mot.

Ils demandent à l'enseignant d'écrire le mot en dessous du dessin. Ils observent attentivement les gestes de l'enseignant.

Au cours d'ateliers, les enfants s'exercent à illustrer les mots.

Pour choisir le dessin le plus représentatif, l'enseignant organise un vote.

Par la suite, l'enseignant veille à ce que chacun associe bien le mot à l'image.

• Phase de conceptualisation

Les enfants prennent conscience de quelques principes de fonctionnement de l'écrit :

– sa permanence ;

– le sens de l'écriture ;

– la différence entre écrire et dessiner.

Ils savent lire les mots de la classe les plus courants par le biais :

– de l'association mot-image ;

– de la comparaison avec les écrits des affichages ;

– de la mémorisation visuelle du mot.

Autres séances

• Phase d'entraînement et de réinvestissement

Au cours de l'année, les enfants sont appelés à lire d'autres écrits : ils peuvent ainsi transférer cette démarche de comparaison de mots (lettre à lettre).

D'autres responsabilités sont ajoutées progressivement en cours d'année.

• Évaluation

L'enseignant évalue quotidiennement les progrès de chaque élève à lire sa responsabilité et à l'effectuer de manière de plus en plus autonome.

Il demande à l'enfant d'expliquer sa démarche pour que tous les autres puissent l'aider en cas de difficulté ou apprendre en même temps que lui.

L'enseignant note les progrès de l'enfant.

Exemple de fiche d'évaluation (celle-ci est relativement complète et intervient à un moment de l'année où les premières compétences de lecteur ont été parallèlement abordées) :

Actions de l'enfant	Compétences
lit son prénom et a repéré qu'il a une responsabilité à effectuer	lit globalement son prénom
a mémorisé les différentes responsabilités et fait une proposition	mémorise les phrases sans les lire
regarde la première lettre du premier mot et émet une hypothèse sur la suite de la phrase	a compris le sens de l'écriture
compare le premier mot de la flèche avec les affichettes, lit l'action principale et devine la suite	trouve des indices de lecture dans les affichettes : fait une correspondance terme à terme entre les deux mots
regarde les mots de la phrase un à un, en suivant avec son doigt, sans les nommer	comprend la segmentation de la chaîne écrite en mots
lit toute la responsabilité en comparant chaque mot avec les affichettes	trouve des indices de lecture pour chaque mot dans les affichettes

La cour de récréation

Organisation de la vie quotidienne

Objectifs spécifiques :
- Prendre conscience des problèmes de comportement.
- Participer à l'élaboration des règles de vie dans la cour.
- Respecter les règles pour gérer les conflits.

Compétences langagières :
• Langage en situation
- Exprimer des procédures : « Il faut, il ne faut pas... » ; « On peut, on ne peut pas... ».
- Décrire des exemples d'activités et de jeux.
- Utiliser le langage pour gérer les conflits.

• Langage d'évocation
- Raconter les jeux de la cour de récréation.
- Évoquer les conflits qui ont lieu dans la cour.
- Se remémorer les solutions trouvées.

• Langage écrit
- Dicter un message à l'adulte.
- Représenter des idées d'activités possibles dans la cour.
- Se référer à des affichages.

Matériel :
- Celui de la cour de récréation.

Première séance

En groupe-classe

• Mise en situation

Lors de chaque récréation, les enfants jouent dans la cour. L'enseignant de service doit être vigilant pour réagir rapidement en cas de conflit.

• Émergence du problème

À la fin de la récréation, des enfants se plaignent pour des motifs divers : bousculades, bagarres, coups, etc.

D'où l'émergence du problème : comment faire pour qu'il n'y ait plus de problèmes dans la cour de récréation ?

• Phase de recherche

Les enfants critiquent spontanément l'idée de faire la bagarre.

Certains répliquent qu'ils font semblant de faire la bagarre pour jouer et qu'ils ne font pas la « vraie bagarre ».

L'enseignant leur suggère de trouver d'autres jeux.

Très vite, certains enfants se retrouvent démunis et semblent ne pas savoir à quoi jouer.

Pour la récréation suivante, l'enseignant demande aux enfants de chercher des jeux qui n'entraînent pas de violence.

Deuxième séance

En groupe-classe

• Phase de verbalisation

Elle se fait en classe au retour de la récréation. Les élèves s'expriment sur les procédures et les solutions trouvées en rapport avec leur vécu :

« J'ai joué au papa et à la maman.

– On a chanté des chansons.

– On a joué à faire la course.

– On s'est raconté des histoires.

– On a joué aux jeux de la cour (toboggan, camion, etc.).

– On a joué au jeu du méchant.

– On a joué à chat perché.

– On a fait une ronde.

– On a joué à 1, 2, 3, soleil.

– Moi, j'avais personne pour jouer.

– Moi, je ne savais pas à quoi jouer. »

• Phase de validation

L'enseignant demande si ces jeux n'ont pas posé de problèmes.

Chacun s'exprime et on constate que certains jeux posent encore problème et nécessitent des solutions, par exemple :

– pendant la course, un enfant a bousculé et fait tomber un petit : il faut faire attention aux autres enfants ;

– deux filles voulaient avoir le rôle de la maman dans le jeu du papa et de la maman : il faut savoir changer de rôle ou le définir par une comptine ;

– le jeu du méchant a tourné en bagarre : il faut avoir l'air méchant sans taper les autres ;

– un enfant n'a pas attendu son tour pour monter au toboggan : il faut attendre son tour comme dans beaucoup de jeux ;

– des enfants n'ont pas joué : il faut inviter les autres à jouer.

L'enseignant propose de trouver des jeux qui puissent intéresser tous les enfants afin que tout le monde joue gentiment dans la cour.

Troisième séance et suivantes

En groupe-classe

• Nouvelles phases de recherche

Elles s'étalent sur plusieurs séances.

Pour créer des comportements à même de remédier aux problèmes de la cour, il faut que les élèves sentent l'enseignant très impliqué : il est donc nécessaire de faire apparaître un moment précis dans l'emploi du temps qui pourra être intitulé « mieux vivre dans la cour ».

L'enseignant fait réfléchir les élèves aux règles de vie dans la cour :

– ne pas pousser les autres ;

– ne pas se bagarrer ;

– attendre son tour pour jouer ;

– faire attention aux autres.

L'enseignant recherche avec les enfants des procédures de jeux pour canaliser leur énergie, faciliter le respect des règles de conduite, apprendre à jouer ensemble et avoir la participation de tous :

• Apprentissage de comptines pour déterminer les rôles :

  – « Ce ne sera pas toi qui sera le… » ;

  – « Une oie, deux oies, trois oies, quatre oies, cinq oies, six oies, c'est toi ! ».

- Jeux de rôles : apprendre à paraître méchant grâce à des expressions de visage, des gestes qui ne relèvent pas de la bagarre.
- Jeux de mime.
- Apprentissage de rondes et jeux dansés :
  - le fermier dans son pré ;
  - dansons la capucine ;
  - passez pompons.
- Apprentissage de jeux collectifs :
  - le jeu des poissons ;
  - 1, 2, 3, soleil ;
  - chat perché.
- Recherche de jeux de la classe utilisables à l'extérieur :
  - voitures ;
  - jeux d'encastrement.
- Réalisation de dessins sur le sol de la cour :
  - marelle ;
  - labyrinthe.
- Réalisation de dessins sur le sol par les enfants avec des craies.

• Phase de validation

Une fiche « Mieux vivre dans la cour » est élaborée collectivement : elle comporte un rappel des règles de vie à respecter, illustrées par des dessins.

Avec l'aide de l'enseignant, les enfants réalisent des dessins représentant les divers jeux possibles. La fiche et les dessins sont accrochés à l'entrée de la cour et servent d'affichages référents en cas de conflit.

• Phase de conceptualisation

Les enfants prennent conscience de l'utilité de règles de vie pour la cour de récréation et de la possibilité d'organiser et de jouer à des jeux non violents, individuellement ou collectivement.

Ils sont capables de se référer aux affiches si nécessaire et en perçoivent l'importance pour se remémorer les règles et les jeux.

Autres séances

• Phase d'entraînement et de réinvestissement

Lors des récréations suivantes, les enfants utilisent les règles de la cour et essaient d'organiser de nouveaux jeux. Ils élaborent alors de nouvelles règles.

Au cours de l'année, les enfants réinvestissent dans la cour les acquis cités précédemment.

• Évaluation

Régulièrement, en conseil d'enfants, l'enseignant et les élèves évaluent la capacité de ces derniers à éviter et gérer les conflits de la cour.

L'enfant doit être capable de :

- se contrôler ;
- gérer un conflit (s'excuser, consoler, pardonner, etc.) ;
- accepter les règles de la cour ;
- jouer seul ;
- jouer avec d'autres enfants ;
- organiser des jeux.

Les règles de vie de la classe

Organisation de la vie quotidienne

Objectifs spécifiques :
- Comprendre la nécessité d'instaurer des règles pour bien vivre ensemble.
- Élaborer ces règles avec le groupe en fonction des besoins.
- Produire des traces écrites (affichages illustrés).
- Comprendre la fonction des affichages référents.

Compétences langagières :
- • Langage en situation
- – Exprimer des procédures : « Il faut, il ne faut pas... » ; « On peut, on ne peut pas... » ; « On écrit... ».
- – Nommer des règles de comportement.
- – Argumenter lors du choix du dessin pour illustrer une règle.
- • Langage d'évocation
- – Exprimer des gênes subies en regroupement.
- – Se remémorer les règles.
- • Langage écrit
- – Dicter une phrase à l'adulte pour expliquer une règle.
- – Connaître la fonction mémorielle d'un écrit et l'utiliser.

Matériel :
- Des feuilles blanches.
- Des feutres.
- Des feuilles d'affichage vierges.

Première séance

En groupe-classe

• Mise en situation

Cette séance se situe au début de l'année scolaire.

Les enfants sont installés dans le coin regroupement afin d'écouter l'enseignant raconter une histoire. Celui-ci omet volontairement de préciser les règles d'écoute et de prise de parole afin d'en montrer l'évidente nécessité.

Les enfants ont l'habitude que ce soit l'adulte qui dicte les règles. Néanmoins, ils sont très sensibles à la gêne occasionnée par les autres ou au non-respect du groupe. Ils réagissent donc très vite et l'enseignant peut alors demander ce qui se passe :

« Il bouge tout le temps, il se met devant moi et je ne vois plus les images.

– Il me pousse sur le banc et je vais tomber. »

L'enseignant signifie qu'il est gêné par des enfants qui parlent entre eux en stoppant sa lecture et demande aux enfants s'ils savent pourquoi il s'est arrêté.

Il interroge également des enfants qui n'écoutent pas pour leur faire comprendre qu'ils ne savent pas de quoi parle l'histoire parce qu'ils n'ont pas écouté.

Si certains enfants interrompent la lecture en prenant la parole pour commenter comme s'ils étaient à la maison, l'enseignant leur demande si c'est poli de couper la parole, de gêner les autres, de faire du bruit.

Tous les problèmes rencontrés sont évoqués.

• Émergence du problème

Que faudrait-il faire pour que tout le monde entende bien et comprenne bien l'histoire ? Quelles sont les règles de vie nécessaires dans le coin regroupement ? Comment les formuler et comment faire pour s'en souvenir ?

• Phase de recherche et de verbalisation

Les élèves s'expriment sur ce qu'il faut faire et ne pas faire :

« Il faut que tu leur dises quand ils font pas bien.

– Il faut qu'ils soient sages, sinon ils gênent.

– Il faut pas parler tout le temps.

– Il faut rester assis.

– Il faut pas parler de n'importe quoi.

– Il faut écouter quand tu parles. »

L'enseignant interroge les élèves sur la façon de mettre en mémoire les règles.

Ils s'expriment sur les procédures et les solutions trouvées :

« Il faut que tu les répètes.

– Tu pourrais les écrire. »

Pour faire naître l'idée de les illustrer, l'enseignant demande si les enfants pourront relire.

« On pourrait faire des dessins pour mettre à côté de ce que tu as écrit. »

• Phase de validation

Chaque enfant choisit une des règles et réalise un dessin pour l'illustrer. La classe vote ensuite pour choisir le dessin le plus représentatif. Une série de règles est sélectionnée collectivement. Les enfants font de même pour les dessins.

Exemples de règles de vie dans le coin regroupement, illustrées par les élèves et affichées :

« Il faut être bien assis, sur le banc ou sur la ligne. Il est interdit de changer de place sauf si on ne voit pas bien. »

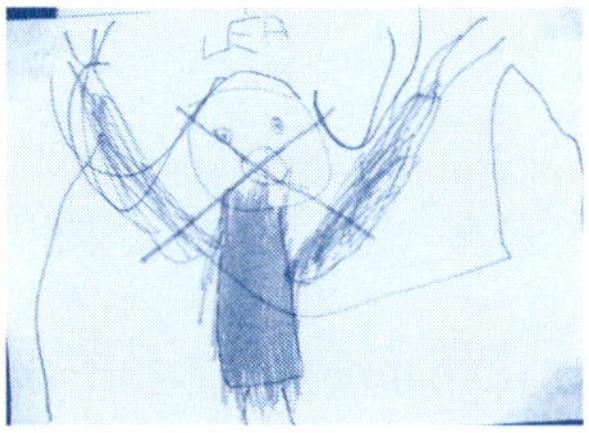

« On ne doit pas crier. »

« Il faut lever le doigt pour demander la parole et attendre d'être interrogé. »

« On ne doit rien avoir dans les mains sinon on ne peut pas se concentrer et on fait du bruit. Il faut poser dans le panier tout ce que l'on a en main. »

« Il faut être attentif, se concentrer et participer pour apprendre de nouvelles choses. »

« Pour bien écouter et bien apprendre, il faut ouvrir en grand ses oreilles et ne pas parler avec son voisin. »

Deuxième séance et suivantes

En groupe-classe

• Phase de conceptualisation

À l'issue de cette séquence, les enfants ont compris que :

– dans de nombreuses situations, les règles sont nécessaires pour bien vivre ensemble ;

– pour les garder en mémoire, on peut construire un affichage référent. Un affichage référent est un écrit auquel on se réfère pour savoir faire quelque chose ou pour se souvenir.

• Phase de réinvestissement

Les élèves et l'enseignant construisent ensemble tout au long de l'année des affichages référents :

– suite à l'émergence de nouvelles règles. Les enfants illustrent à chaque fois ces règles de vie : en gymnastique, dans la cour de récréation, à la cantine ;

– suite à des activités ou à la découverte de nouvelles notions ou connaissances :

– les bandes numériques ;

– les calendriers ;

– les abécédaires ;

– les différents imagiers des mots utilisés ;

– la correspondance des lettres dans les trois écritures ;

– les répertoires graphiques ;

– les chansons et comptines ;

– les livres lus.

• Évaluation

L'enseignant évalue les compétences des enfants.

Chaque enfant doit être capable de :

– respecter les règles (voir celles citées ci-dessus) ;

– nommer les règles ;

– se référer à un affichage.

Découvrir le monde

9

Le déplacement avec l'air

Projet autour de la découverte de l'air

Objectifs spécifiques :

- S'investir dans une activité expérimentale.
- Constater l'existence de l'air.
- Repérer une propriété de l'air : c'est une source d'énergie.
- Utiliser cette propriété en réalisant des expériences.

Compétences langagières :

- • Langage en situation
- – Exprimer des procédures : « Il faut... » ; « On peut... ».
- – Nommer des objets, leur fonction et leur fonctionnement.
- – Exprimer des actions et faire des constats.
- – Émettre des hypothèses.
- • Langage d'évocation
- – Se remémorer les observations, les expériences, les résultats.
- • Langage écrit
- – Dicter un message à l'adulte (observations, résultats).

Matériel :

- • Des images de parapentes, parachutes, bateaux à voile, girouettes, feuilles des arbres, montgolfières, cerfs-volants, moulins à vent, éoliennes, etc. (ces images sont sélectionnées au préalable par l'enseignant dans des revues, des cartes postales, sur Internet).
- • Pour chacune des équipes, un kit composé de :
- – une feuille ordinaire ;
- – une feuille à dessin ;
- – une feuille de journal ;
- – papier de soie ;
- – papier calque ;
- – cartonnette ;
- – carton plus épais ;
- – carton encore plus épais ;
- – papier d'aluminium ;
- – certains objets de la classe choisis par les enfants.

• Préalable

L'enseignant, au cours de séances précédentes, a mis les enfants en condition pour qu'ils prennent conscience de l'importance de l'air dans leur vie de tous les jours. Que se passe-t-il dans leur corps quand ils courent très vite ? Que se passe-t-il quand ils bouchent leur nez avec leurs mains et ferment la bouche ? Comment font-ils pour éteindre les bougies de leur anniversaire ?[1]

Première séance

En groupe-classe, dans le coin regroupement

• Mise en situation

Suite à ces expérimentations, l'enseignant propose aux élèves de regarder des images (citées dans la liste du matériel). Il leur demande de trouver leur point commun.

Les enfants trouvent que tous ces objets bougent avec le vent.

L'enseignant leur demande alors de définir le rôle du vent sur chacun de ces objets :

« Il fait tourner les ailes du moulin, la girouette, les éoliennes.

– Il fait avancer le bateau à voiles et la montgolfière.

– Il fait voler le cerf-volant. »

L'enseignant les interroge sur la définition du vent :

« C'est de l'air.

– On le sent sur la figure quand le vent souffle.

– Ça fait bouger les cheveux.

– Quelquefois, ça souffle fort et ça arrache les arbres. »

L'enseignant conclut en donnant la définition : le vent, c'est de l'air en mouvement, c'est de l'air qui bouge.

La consigne est donnée de rechercher, par deux, des objets dans la classe et de trouver la manière de fabriquer du vent et faire déplacer ces objets.

• Émergence du problème

Quels objets choisir et comment les faire avancer facilement sans les toucher, en faisant du vent ?

1. *Cf.* Denise et Pascal CHAUVEL, *Les Sciences de la nature au cycle 2*, Paris, Retz, 2001.

• Phase de recherche et de verbalisation

Les enfants choisissent des objets dans la classe et s'exercent.

Ils constatent que certains objets peuvent se déplacer ; d'autres ne se déplacent pas facilement, voire pas du tout.

Pour les déplacer :

« Il faut souffler dessus.

– Quelquefois, il faut souffler très fort.

– On souffle dessus et on peut faire voler une feuille comme fait le vent.

– On souffle sur quelque chose et il avance.

– On peut souffler dans une paille.

– On peut fabriquer un éventail. »

• Phase de validation

Les enfants éliminent certains objets qui ne peuvent pas se déplacer et constatent que ce sont les plus lourds.

Ils dictent à l'adulte l'ensemble des objets facilement déplaçables :

– des feuilles de papier ;

– des plumes ;

– des boules de cotillons ;

– des bouchons de feutres ;

– des morceaux de jeux de construction.

Deuxième séance

La classe, par équipes de 10

• Nouvelle phase de recherche

Dans la liste des objets facilement déplaçables se trouvent des feuilles utilisées régulièrement par les enfants.

L'enseignant propose de faire des essais avec ces différentes feuilles de papier : feuilles ordinaires, feuilles à dessin, papier de soie, papier calque, cartonnette, carton plus épais, feuilles en papier d'aluminium.

Pour que chacun profite des découvertes des autres, l'enseignant organise une course avec ces feuilles de papier dans la salle de motricité. Chacun doit faire avancer une feuille le plus vite possible depuis la ligne de départ jusqu'à la ligne d'arrivée située à une dizaine de mètres. Les enfants sont alignés par équipes de 10. Chaque équipier a une feuille de papier différente. 3 équipes de 10 participent à la course l'une après l'autre. Il y a un gagnant par équipe.

Les enfants font une dictée à l'adulte qui note le nom des feuilles dans leur ordre d'arrivée.

Normalement, les trois équipes ont à peu près le même résultat.

• Phase de verbalisation

L'enseignant invite les élèves à commenter la course : sur son fonctionnement et sur les raisons de la victoire ou de la défaite.

Les élèves s'expriment sur les procédures et les solutions trouvées :

« C'est parce qu'on souffle que ça avance.

– C'est parce qu'on fait du vent avec l'air qui sort de notre bouche.

– Il faut beaucoup d'air pour faire avancer très vite.

– Il faut souffler tout le temps.

– Je souffle et après je souffle et après je souffle.

– La feuille de papier de soie, même si on ne souffle pas fort dessus, elle avance vite.

– Il faut se mettre juste derrière pour faire avancer la feuille en aluminium.

– Il faut se mettre tout en bas pour souffler sur la feuille en carton.

– La feuille en carton, il faut souffler presque par terre.

– Il faut souffler très fort pour que ça avance vite. »

L'enseignant note au fur et à mesure les réflexions des enfants afin de les reprendre et d'en faire une synthèse.

Les enfants ont constaté, avec l'aide de l'enseignant, que :

– ce sont, comme précédemment, les objets les plus légers (ici les feuilles les plus légères) qui avancent le plus vite ;

– selon l'épaisseur de la feuille, celle-ci se déplace plus ou moins rapidement ;

– la rapidité dépend de la force du souffle du joueur et aussi de la direction du souffle.

Troisième séance

• Phase de validation

La classe, par équipes de 10

Une nouvelle course est engagée pour vérifier si les ordres d'arrivée sont identiques et correspondent bien à la matière de la feuille et à la force du souffle du joueur.

• Phase de conceptualisation

En groupe-classe

Les enfants ont compris que :

– l'air est source d'énergie. C'est une des propriétés de l'air, c'est-à-dire que l'une de ses qualités est que l'on peut s'en servir pour faire bouger des objets ;

– dans le cas présent, il permet le déplacement des objets ;

– plus l'objet est léger, plus il se déplace facilement.

Un tableau peut être élaboré, avec des échantillons et des dessins, pour comparer la vitesse de déplacement de certains objets. Il s'effectue en dictée à l'adulte.

Autres séances

• Phase d'entraînement et de réinvestissement

Lors de différentes séances, l'enseignant va pouvoir réutiliser ces découvertes :

– à la piscine, des courses sont organisées avec la consigne de déplacer une balle de ping-pong sur l'eau en soufflant dessus ;

– en arts plastiques, les enfants soufflent avec une paille sur des gouttes d'encre de couleur ;

– en activités technologiques, les enfants peuvent fabriquer :

- un objet qui fait du vent : l'éventail ;
- un objet qui utilise le vent : le moulin à vent, les bateaux à voiles, l'hélice.

D'autres activités vont permettre de découvrir une autre propriété de l'air : la résistance.

L'enseignant met en place des séances d'observation pour constater ce phénomène :

– à l'automne, les enfants regardent les feuilles qui tombent des arbres pour constater qu'elles descendent lentement vers le sol ;

– ils lancent des objets en l'air : pièce de monnaie, bonhomme Playmobil, boule de cotillon, papier, etc. ; ces objets sont soit plus ou moins lourds, soit plus ou moins importants en terme de superficie.

Après observation d'images de parachutes et de parapentes, l'enseignant peut mettre en place une nouvelle problématique : comment ralentir la chute d'un objet ?

Ces objets, dans un second temps, pourront être accrochés à un sac plastique qui créera une résistance à l'air et ralentira leur chute.

C'est une autre propriété de l'air : la forme d'un objet (par exemple : le parachute) utilise la résistance de l'air comme un frein.

Là encore, un tableau comparatif peut être élaboré.

Évaluation

Par rapport à ces séances, l'enseignant évalue si l'enfant est capable de :

– déplacer un objet grâce à la production d'air ;

– classer des objets dans un tableau pour noter s'ils sont déplaçables ou non ;

– classer des objets dans un tableau selon la rapidité de leur chute.

Au cours d'un autre projet, l'enseignant évalue les capacités des enfants à s'investir dans des situations de recherche sur la découverte d'un autre élément tel que l'eau.

La maquette de l'école

Projet autour de l'espace

Objectifs spécifiques :
- Se repérer dans l'espace.
- Représenter un espace en trois dimensions à l'aide d'une maquette et comprendre sa fonction.
- Vérifier sa représentation en la comparant à la réalité.

Compétences langagières :
- • Langage en situation
- – Exprimer des procédures : « Il faut, il ne faut pas... » ; « On peut, on ne peut pas... ».
- – Nommer des lieux et les situer les uns par rapport aux autres en utilisant le vocabulaire spatial.
- – Émettre des hypothèses.
- – Nommer les matériaux utilisés.
- • Langage d'évocation
- – Se remémorer les lieux et leur situation pour raconter.
- • Langage écrit
- – Représenter un espace.

Matériel :
- Une planche en carton épais par groupes.
- Des feutres.
- Des boîtes d'allumettes de différentes tailles.
- Du papier de couleur.
- De la pâte à fixer.
- De la colle.
- Des étiquettes avec le nom des différents lieux.

• Préalable

Les enfants ont déjà travaillé sur la notion de maquette. Par exemple, lors d'une sortie dans Paris, ils sont allés voir les colonnes de Buren qu'ils se sont appropriées corporellement et sensoriellement par le biais de différents jeux. De retour en classe, ils ont fabriqué des colonnes et les ont disposées sur un espace pour représenter le plus fidèlement possible l'installation en trois, puis deux dimensions. Des photos les ont aidés dans leur interprétation.

Première séance

En groupe-classe, puis par groupes de 10

• Mise en situation

Les enfants connaissent bien l'école pour l'avoir visitée en début d'année et avoir réfléchi sur le rôle de chaque endroit.

En groupe-classe, l'enseignant propose de faire la maquette de l'école afin d'expliquer à la prochaine réunion de parents comment les différents lieux sont organisés et quel est leur emplacement.

Le mot « maquette » est connu des enfants.

Dans un premier temps, les élèves nomment les différents lieux de l'école sans donner d'indications précises quant à leur localisation spatiale.

Puis ils sont répartis en 3 groupes disposés chacun autour de 6 petites tables rassemblées.

La consigne leur est donnée d'utiliser le matériel cité pour faire une proposition de maquette, sans toutefois utiliser la colle, car il faudra auparavant vérifier que la représentation correspond bien à la réalité.

Chaque groupe s'organise en plaçant sur la planche en carton épais les boîtes d'allumettes, des morceaux de papier découpés dans le papier couleur et les étiquettes des lieux correspondants (l'enseignant s'assure qu'elles sont bien reconnues par les élèves).

Quand les groupes ont terminé, la classe réunie vérifie si toutes les maquettes sont semblables et si elles sont justes.

L'observation des travaux montre qu'il y a de nombreuses divergences et que les emplacements ne sont pas toujours respectés.

Les enfants se sont particulièrement attachés à représenter tous les lieux sans se soucier de leur emplacement les uns par rapport aux autres.

La représentation d'un espace en trois dimensions présente des difficultés car elle demande de grandes capacités d'abstraction.

• Émergence du problème

La question se pose : comment procéder pour représenter la réalité spatiale ?

• Phase de recherche et de verbalisation

Avant que les enfants se lancent dans une modification de leur installation, l'enseignant organise une séance de verbalisation pour les inciter à donner des indications spatiales sur chaque lieu de l'école afin de les situer les uns par rapport aux autres.

L'enseignant prend en note toutes les phrases des élèves pour s'en resservir lors de la réalisation des maquettes :

« La classe des petits n'est pas à côté des toilettes, elle est à côté du bureau de la directrice.

– Le bureau de la directrice n'est pas à côté du dortoir mais près de l'entrée de l'école.

– Là, ça va : le dortoir est près de la classe des petits et des toilettes des petits. »

Une fois que tous les lieux ont été situés, les élèves modifient leurs maquettes. L'enseignant les aide si besoin, en reprenant les notes effectuées précédemment.

Puis l'enseignant les sollicite à nouveau en les faisant réfléchir à une méthode pour mieux percevoir l'organisation de l'espace dans l'école :

« On prend les maquettes et on va voir ce qui ne va pas.

– C'est pas possible de les porter, c'est pas collé et ça va tomber.

– On prend des photos et après on voit.

– Avec les photos, on ne voit pas toute l'école ensemble.

– On colle les boîtes d'allumettes et les étiquettes sur la planche et après on va voir avec.

– Oui, mais si on colle vraiment après on pourra plus enlever. »

L'enseignant propose d'utiliser de la pâte à fixer plutôt que de la colle ; c'est ce que font les enfants.

Deuxième séance

En groupe-classe, puis par groupes de 10

• Phase de validation

Chaque groupe porte sa maquette et vérifie sur place en revisitant l'école que tous les éléments sont correctement placés.

Les élèves rectifient au besoin en les décollant et les déplaçant.

De retour en classe, chaque groupe présente sa maquette en nommant les lieux un par un et en présentant leur localisation spatiale par rapport aux autres lieux situés autour.

Les autres enfants s'expriment sur la représentation pour valider ou non les maquettes.

Dans ce but, et afin de mettre les enfants d'accord, l'enseignant attire leur attention sur un écrit affiché dans toutes les classes : le plan de l'école pour l'évacuation en cas d'alerte incendie. C'est une représentation en deux dimensions qui montre l'emplacement de chaque lieu, les uns par rapport aux autres.

Une fois les maquettes validées, chaque élément est fixé avec de la colle pour en assurer la solidité.

• Phase de conceptualisation

Les enfants prennent conscience du fait que, pour réaliser une maquette, il faut :

– connaître précisément l'emplacement de chaque élément ;

– vérifier sur place si la construction correspond bien à la réalité ;

– bien choisir le matériau pour représenter les lieux ;

– faire des allers-retours entre la réalité et la représentation de la réalité pour valider ses choix ;

– parfois recourir à une représentation en deux dimensions.

Le vocabulaire spatial utilisé (« à côté », « près de »...) est repris collectivement.

Autres séances

• Phase d'entraînement et de réinvestissement

Les enfants réalisent la maquette de la cour de récréation sur plusieurs séances. Puis l'enseignant leur propose de dessiner le plan de la cour pour le coller dans le cahier de vie. Ils s'aident des maquettes de la classe ou de l'école réalisées précédemment.

• Évaluation

Pour évaluer les enfants, l'enseignant leur demande de réaliser la maquette de la classe en utilisant des Lego pour représenter les différents éléments. Chaque enfant doit expliquer sa production.

L'enfant doit être capable de :

– nommer et placer tous les éléments dans la composition ;

– placer les éléments les uns par rapport aux autres ;

– vérifier que sa maquette correspond bien à la réalité.

L'image animée

Projet autour de l'image

Objectifs spécifiques :

- Apprendre à se représenter de face et de profil.
- Observer et prendre conscience du mouvement.
- Représenter le mouvement et en rendre l'illusion.
- Réaliser un objet technique : le phénakistiscope.

Compétences langagières :

• Langage en situation
- Exprimer des procédures : « Il faut, il ne faut pas… » ; « On peut, on ne peut pas… » ; « On écrit… ».
- Décrire des positions en utilisant un vocabulaire spatial : « de face », « de profil », « face à face ».
- Acquérir un vocabulaire spécifique : « ralenti », « miroir », « mouvement décomposé ».
- Échanger pour trouver des techniques permettant de représenter le mouvement.

• Langage d'évocation
- Se remémorer les actions et les positions.
- Se remémorer ses propres actions au sein du groupe pour commenter les productions.

Matériel :

- Des ballons.
- Des ciseaux.
- Des feutres.
- De la laine.
- Des gommettes.
- De la colle.
- 5 feuilles A3 sur lesquelles l'enseignant a collé deux personnages, de profil et face à face. Ce sont les dessins des enfants que l'enseignant a photocopiés et réduits.
- Le matériel cité p. 93.

Première séance

En groupe-classe, dans la salle de motricité

• Mise en situation

Les enfants sont deux par deux et jouent au ballon. L'enseignant donne la consigne de jouer de différentes façons.

Ils explorent plusieurs positions : assis, debout, allongé par terre, et lancent de différentes façons : avec les pieds, avec les mains, en se lançant directement le ballon, en le faisant rebondir une fois, deux fois, plusieurs fois.

De retour en classe, ils se dessinent en action : en train de jouer à deux au ballon.

Deuxième séance

En groupe-classe, dans le coin regroupement

Les dessins sont observés, puis l'enseignant donne la consigne suivante : « Maintenant, vous allez essayer de vous placer de la même manière que sur les dessins. »

Un dessin est choisi : il représente deux enfants de face avec un ballon en l'air. Deux élèves tentent de prendre la même posture que sur le dessin.

• Émergence du problème

Les autres enfants constatent que le dessin ne les représente pas comme ils sont réellement : ils sont dessinés de face et non pas de profil.

Comment se dessiner de profil ?

• Phase de recherche et de verbalisation

L'enseignant leur demande de s'exprimer sur ce qu'ils voient réellement des deux joueurs.

Les enfants observent et verbalisent ce qu'ils voient. La notion de profil est alors mise en valeur :

« On voit que la moitié du nez.

– On voit qu'une oreille.

– On voit pas la bouche tout entière.

– Il faut pas faire une tête toute ronde, de face elle est ronde, le profil c'est pas pareil.

– Alors on la fait un peu ovale.

– Les yeux, c'est pas deux, et il faut le mettre pas au milieu.

– Les cheveux aussi, c'est pas plein autour. »

Les élèves s'expriment sur les procédures et les solutions trouvées : il faut dessiner seulement ce qu'on voit des personnages.

Afin d'aider les enfants dans leur représentation, l'enseignant leur propose de découper des personnages dans des catalogues de vente par correspondance et diverses revues.

Dans le coin regroupement, chacun présente ses personnages, qui sont ensuite classés en trois catégories : de face, de profil, de dos.

Troisième séance

En groupe-classe

• Phase de validation

Chaque enfant dessine des têtes de face, de profil, de dos.

On constate que les dessins de profil sont les moins bien réalisés : si les enfants ont bien noté qu'on ne voyait qu'un œil, qu'une oreille et que la moitié de la bouche (ce qu'ils ont représenté), peu d'enfants ont dessiné le nez sur le côté.

Une réflexion est engagée et une nouvelle observation permet de rectifier leurs dessins.

Les enfants se dessinent de nouveau de profil.

Quatrième séance

En groupe-classe

Il s'agit maintenant de représenter deux têtes de personnages de profil et se faisant face.

Quelques enfants ont des difficultés à les dessiner.

De nouvelles observations leur permettent de rectifier les positions des visages de leurs personnages.

Cinquième séance

En groupe-classe, dans le préau

• Mise en situation

L'objectif de cette séance est de dessiner les personnages en entier, face à face, de profil, et se lançant un ballon.

Pour cela, l'enseignant engage les enfants à effectuer certains gestes, par exemple de lancer en décomposant lentement le mouvement, observé par un autre enfant qui s'intéresse à chacune des étapes de ce mouvement.

Puis chacun est invité à :

– étudier son propre mouvement au ralenti en s'observant ;

– regarder son mouvement dans un miroir ;

– observer le mouvement de l'autre.

• Émergence du problème

Comment dessiner les positions des bras, des mains, des jambes et des pieds?

• Phase de recherche et de verbalisation

Chacun mime le geste et constate que les deux bras doivent être du même côté du corps, soit en l'air, soit en bas, selon la direction du ballon, et que les jambes ne doivent pas être vues de face.

• Phase de validation

Chaque enfant dessine les deux joueurs de profil avec le ballon. Les résultats sont davantage concluants.

Des exemples de dessins sont proposés ci-contre.

• Phase de conceptualisation

Les enfants observent leurs productions et prennent conscience de la nécessité d'être attentif à chaque détail et à l'emplacement de chacun pour dessiner des personnages en situation. Ils ont acquis un vocabulaire spatial spécifique.

L'enseignant signale que le ballon des deux joueurs semble ne pas bouger alors qu'ils l'ont vu se déplacer dans l'espace. Cela fera l'objet de la séance suivante.

Sixième séance

En groupes de 5 ou 6, dans la classe

Les enfants s'interrogent sur la représentation du mouvement du ballon.

• Émergence d'un nouveau problème

Comment représenter ou matérialiser le mouvement du ballon ?

• Phase de recherche

Les enfants sont répartis par groupes de 5 ou 6 et ont à leur disposition du matériel : ciseaux, laine, feutres, gommettes et une feuille A3 sur laquelle deux personnages de profil sont collés.

L'enseignant a photocopié et réduit les dessins de personnages afin que l'attention des enfants ne soit plus portée sur cette représentation (problème traité dans les séances précédentes) mais sur celle du mouvement du ballon.

Ils ont pour consigne de rechercher la façon de représenter ou matérialiser ce mouvement.

• Phase de verbalisation et de validation

Chaque groupe vient présenter son œuvre et s'exprime :

« On a fait une ligne entre les deux joueurs. On a collé sur la ligne une gommette pour faire le ballon. Le ballon est lancé sur la ligne. »

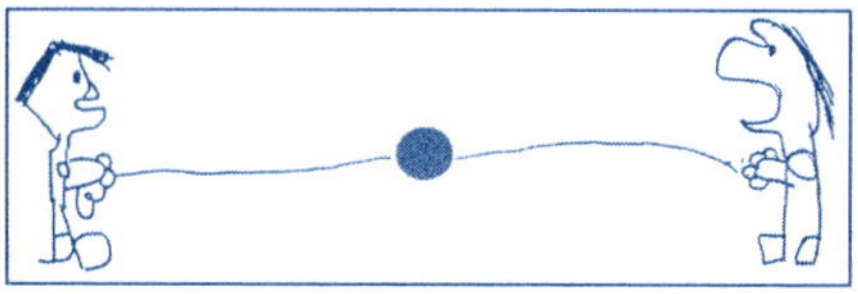

« On a collé les gommettes entre les mains des deux joueurs, et alors : une gommette et le ballon avance, une autre gommette et il avance encore... Elles ont lancé le ballon vers le haut. »

« On a pris une gommette, c'est le ballon, on a fait un trou au milieu de la gommette, on a mis un morceau de laine dans le trou, on a collé les deux bouts de la laine dans les mains des deux joueurs et le ballon bouge sur la laine. »

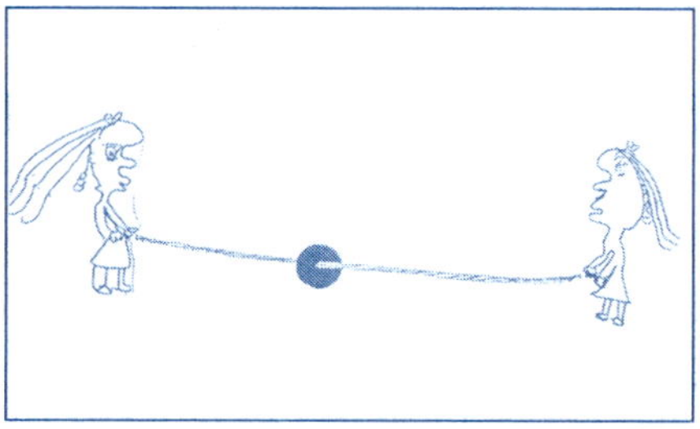

« J'ai fait une ligne en forme de pont, il est dans les mains des deux joueurs, j'ai demandé à la maîtresse de le découper avec les ciseaux car c'est trop difficile. J'ai pris une gommette, j'ai fait un trou, j'ai mis un morceau de ficelle dedans et je tiens le bout de la ficelle par derrière pour faire avancer le ballon sur le trait découpé (la fente). »

La classe approuve les différentes reproductions du mouvement.

• Phase de conceptualisation

Les enfants prennent conscience de la notion d'animation. Pour représenter le mouvement du ballon, il ne suffit pas d'en dessiner un entre les deux joueurs : il faut tracer une trajectoire et l'animer (selon différents moyens).

Séances suivantes

Matériel :
- Une photocopieuse.
- Des gommettes rondes.
- De la pâte à fixer.
- Des feuilles de dessin.
- Des feutres.
- Des feuilles de cartoline blanche sur lesquelles l'enseignant a tracé un disque et les fentes.
- De la peinture noire.
- Des ciseaux.
- De la colle.
- Un ou plusieurs miroirs.
- Un modèle de phénakistiscope.
- Un bâton et une punaise par enfant.

• Phase d'entraînement et de réinvestissement

L'enseignant peut proposer à la classe de fabriquer un phénakistiscope (prévoir 5 séances).

N.B. : Le phénakistiscope, inventé en 1833 par le Belge Joseph Plateau, fonctionne sur le principe de la persistance rétinienne. Pour le faire fonctionner, il faut prendre un disque dans lequel on réalise des fentes. Celui-ci est noir sur une face (celle qui fait face à l'utilisateur) et comporte au verso des dessins décomposant un mouvement. Ils sont placés entre chaque fente. Le disque est accroché à un bâton par une punaise qui lui permet de tourner. L'utilisateur se place face à un miroir ; il regarde par les fentes en fermant un œil et en faisant tourner le disque. Les dessins se reflètent dans le miroir et s'animent.

• Le phénakistiscope est montré aux enfants ; l'enseignant le fait fonctionner.

La consigne est donnée de dessiner les joueurs de ballon : deux bonshommes de profil qui se font face. Les dessins doivent être suffisamment petits pour tenir sur l'objet.
Si les enfants ont des difficultés, l'enseignant réduit les personnages à l'aide d'une photocopieuse. Il les photocopie ensuite en 8 exemplaires.

• Les enfants découpent la forme du phénakistiscope dans du papier blanc : d'abord le disque, puis les fentes. L'enseignant aide à la demande.

• Les enfants peignent une feuille en noir, la collent sur le disque réalisé précédemment, puis la découpent en suivant le contour, avant de découper les fentes.

• Les deux représentations des joueurs ont été photocopiées par l'enseignant en 8 exemplaires. Les enfants les colorient en utilisant toujours les mêmes couleurs pour chaque joueur (l'enseignant doit bien insister sur la permanence des couleurs).

• Les deux bonshommes sont collés face à face sur chaque portion du phénakistiscope. Il faut faire en sorte de bien les coller sur les bords de la fente.

• Les gommettes représentant les ballons (leur utilisation permet d'avoir un ballon toujours identique) sont collées entre les deux joueurs avec de la pâte à fixer afin de pouvoir rectifier les positions le cas échéant.

Pour avoir l'impression de voir le ballon bouger d'un joueur à l'autre lorsqu'on tourne le phénakistiscope, il faut coller le ballon en le faisant à chaque fois avancer un peu et en prévoyant le mouvement retour.

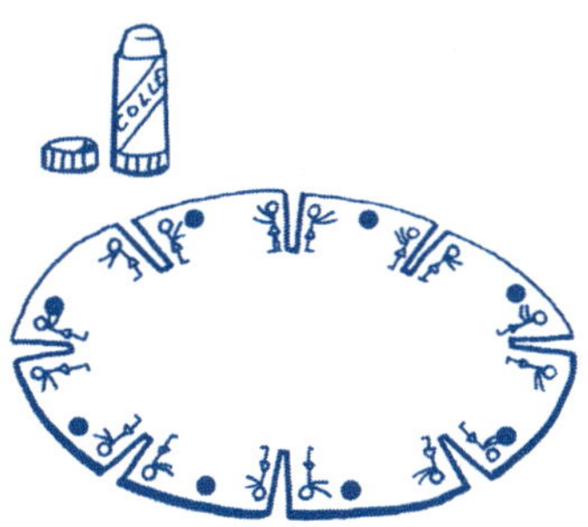

Les enfants vérifient dans un miroir que le mouvement est bien représenté et modifient en cas d'erreur.

Ils réalisent ensuite le collage définitif des gommettes.

L'objet est fixé sur le bâton au moyen d'une punaise.

Les enfants le font tourner face à un miroir et regardent à travers les fentes en gardant un œil fermé.

Les images donnent bien l'illusion que le ballon se déplace d'un joueur à l'autre.

• Évaluation

Au cours de ces dernières séances, l'enseignant évalue les compétences des élèves en vérifiant s'ils sont capables de :

– dessiner deux bonshommes de profil se faisant face ;

– se mettre en situation de recherche : utiliser la manipulation pour trouver une solution ;

– représenter l'animation, c'est-à-dire la continuité du mouvement d'une image à l'autre (position du ballon sur le phénakistiscope).

La ferme

Projet autour de la construction de l'espace

Objectifs spécifiques :	– Placer un objet dans un espace en fonction d'une consigne orale. – Situer un objet par rapport à un autre.
Compétences langagières :	• Langage en situation – Décrire une position dans l'espace. – Formuler et comprendre des consignes orales. – Utiliser et comprendre le vocabulaire spatial. – Nommer du vocabulaire spécifique à un thème : la ferme. • Langage d'évocation – Se remémorer la situation pour se rappeler les informations reçues afin de comprendre ses erreurs. – Expliquer son action.
Matériel :	– Une collection d'objets identique pour chaque enfant : des personnages, des arbres, des animaux. – Une feuille support sur laquelle est dessiné un paysage comprenant une route, deux maisons (une grande et une petite), une rivière avec un pont, un champ, une mare. – Des paravents réalisés au moyen d'une pochette cartonnée coincée verticalement entre deux tables.

Première séance

En ateliers de 6 enfants, répartis en 2 groupes de 3

• Mise en situation

Les enfants connaissent le matériel et ont appris à nommer les différents éléments.

Ils sont divisés en 2 groupes de 3.

Chacun reçoit une collection identique d'objets.

Le meneur de jeu est placé entre les deux autres joueurs.

Dans un premier temps, il place les éléments un par un sur sa feuille et les autres doivent les placer à l'identique au fur et à mesure en regardant attentivement les positions. À la fin de la partie, les enfants comparent leurs feuilles pour s'assurer qu'ils ont tous la même organisation.

Rapidement, cette situation semble ne plus poser problème.

L'enseignant introduit un élément nouveau : il place entre les enfants un paravent qui les empêche de voir les éléments du meneur et leur position.

• Émergence du problème

Que doit faire le meneur de jeu pour que les autres aménagent l'espace de la même façon que lui alors qu'ils ne voient pas cet espace ?

• Phase de recherche et de verbalisation

Les enfants s'expriment et arrivent à deux constats :

« Comme ils ne voient pas ce que j'ai fait, je dis ce que je prends et où je le mets.

– Et nous, on prend le même et on écoute bien pour le mettre au même endroit qu'il a dit. »

• Phase de validation

Une partie de jeu est organisée.

Les enfants reformulent la consigne : le meneur de jeu doit nommer chacun des éléments et décrire sa position au fur et à mesure qu'il le place.

À la fin de la partie, les enfants enlèvent les paravents et comparent leurs installations.

Certains éléments ne sont pas bien placés. Il faut en chercher les raisons.

L'enseignant prend les trois installations en photo afin que toute la classe puisse rechercher les différences et les solutions pour réaliser des installations identiques.

Deuxième séance

En groupe-classe, dans le coin regroupement

• Rappel du problème

Toute la classe analyse les trois photos pour constater les différences et chercher des solutions.

Que faire pour que chacun réalise une installation identique à celle du meneur de jeu ?

• Phase de recherche et de verbalisation

Les enfants qui ont participé à l'activité expliquent ce qu'ils ont fait et les autres critiquent :

« J'ai pris un canard et je l'ai placé dans la rivière.

– Moi, j'ai bien mis le canard dans la rivière.

– Oui, mais ton canard, il est pas au même endroit dans la rivière. »

L'enseignant interroge les enfants sur la raison de cette différence :

« Parce qu'il a pas dit où il fallait le mettre dans la rivière.

– Et elle est grande la rivière ! »

L'enseignant demande aux enfants ce que le meneur de jeu aurait dû dire :

« Il faut le mettre à côté du pont.

– Mais y a pas qu'un côté dans le pont.

– Il faut dire où, de quel côté. »

La démarche est identique pour chacun des éléments.

Il est donc constaté qu'il faut utiliser un langage très précis par rapport :

– au nom de l'objet ;

– à sa position dans l'espace ;

– à sa position par rapport aux autres objets ;

– à sa localisation sur la feuille par rapport aux éléments dessinés.

Troisième séance

En groupe-classe, dans le coin regroupement

• Phase de validation

Ensemble, les enfants refont une nouvelle partie en essayant de mettre en application les conseils de précision.

Un enfant cite un objet et son emplacement, les autres réfléchissent où ils peuvent le mettre, un enfant est désigné pour venir le placer.

Si tous les enfants sont d'accord avec lui, c'est que la consigne était suffisamment précise.

• Phase de conceptualisation

Les élèves prennent conscience de la nécessité d'employer un vocabulaire précis pour se repérer dans l'espace.

Avec l'aide de l'enseignant, ils réalisent un affichage référent avec le vocabulaire topologique et les images correspondantes.

Celui-ci est affiché dans la classe.

Autres séances

• Phase d'entraînement et de réinvestissement

De nouvelles situations en deux dimensions peuvent être proposées aux élèves :

– un enfant réalise un dessin et donne des indications orales à un autre enfant pour que celui-ci produise le même dessin ;

– un enfant décrit un paysage de carte postale et un autre enfant doit le dessiner ;

– un enfant donne des indications de coloriage d'un dessin et l'autre fait le même coloriage.

De nouvelles situations en trois dimensions peuvent également être proposées aux élèves :

– un enfant donne des indications à un autre pour réaliser une installation avec du matériel de gymnastique (cerceaux, caissettes, bâtons, tapis, etc.) ;

– un enfant réalise une installation avec du matériel de construction (Lego®, par exemple) ; il donne des indications orales à un autre enfant qui doit la réaliser sans la voir.

• Évaluation

Une de ces situations précédemment citées peut servir d'évaluation.

L'enfant doit être capable de :

– comprendre le vocabulaire spatial ;

– utiliser ce vocabulaire ;

– donner ou appliquer une consigne en s'y référant.

Les cartes postales

Projet autour de l'image

Objectifs spécifiques :
- Trouver des points communs à des images.
- Classer des images en fonction de différents critères.
- Justifier un choix et savoir le modifier.

Compétences langagières :
- • Langage en situation
- Exprimer des procédures : « On peut mettre ensemble… » ; « Il reste… ».
- Donner des informations.
- Utiliser un langage descriptif.
- Nommer des indices dans l'image.
- Argumenter pour justifier son choix.
- • Langage d'évocation
- Se remémorer les procédures déjà utilisées afin d'en trouver d'autres.

Matériel : 16 cartes postales pour 5 enfants dont 4 difficilement appariables (il en faut ainsi presque une centaine ; elles sont apportées par l'enseignant qui les a conservées ou colligées dans son entourage, ou par les enfants qui en demandent à leurs parents).

Première séance

En groupe-classe, dans le coin regroupement

La classe vient de recevoir une carte postale envoyée par un élève, ou bien l'enseignant a provoqué la situation en en envoyant une pendant les vacances.

Chacun s'exprime sur le rôle de la carte postale et sur son cheminement.

L'enseignant dispose ensuite des cartes postales sur une table.

Chacun en choisit une et la décrit.

Deuxième séance

En atelier de 5 enfants, puis en groupe-classe

• Mise en situation

L'enseignant propose, dans chaque atelier de 5 élèves, une série de 16 cartes postales. La consigne est donnée de les mettre par deux en cherchant un ou des indices pertinents qui permettent de les mettre ensemble.

La classe se rassemble quand chaque atelier pense avoir terminé.

Un enfant de chaque groupe vient présenter les appariements et en expliquer les raisons. Visiblement, des problèmes se sont présentés pour apparier certaines cartes postales.

• Émergence du problème

Comment associer par deux les cartes postales qui ont posé problème ?

• Phase de recherche et de verbalisation

Un premier groupe s'exprime :

« On a mis par deux des cartes postales qui avaient quatre photos, des cartes postales où il y avait la mer, des cartes postales avec une montagne, des cartes postales avec une ville.

– On a mis ensemble deux dessins de peintres, c'est pas des photos, ça, ça va. Mais il y a une troisième carte postale d'un peintre et on n'en a pas une autre pour mettre avec…

– Il reste une photo de la mer et une de la montagne : ça va pas.

– On a mis ensemble deux photos de monuments, mais il y en a une troisième et c'est pareil : il n'y en a pas une autre. »

Les enfants de la classe réfléchissent avec le groupe à la manière d'apparier les quatre cartes postales restantes :

« On peut bien regarder les deux cartes, même si c'est pas pareil, on peut trouver quelque chose qui va avec, là c'est un peintre qui a peint mais il y a un bateau, et sur la carte postale de la mer il y a aussi un bateau, donc on peut les mettre ensemble.

– Là, c'est un vieux monument, il est tout cassé.

– Mais là, tu vois, il y a des sapins à côté du monument et il y a des sapins aussi sur la montagne, alors on dit que ça peut aller ensemble. »

• Phase de validation

Les cartes postales sont toutes mélangées et redistribuées au hasard dans les différents groupes.

Les enfants les apparient de nouveau, avec succès cette fois, en trouvant pour chacune un indice commun, après une observation plus fine de tous les détails figurant sur les cartes.

Les indices sont par exemple :

– un personnage ;

– une fleur ;

– un animal ;

– une couleur ;

– une forme ;

– un graphisme ;

– un nuage ;

– l'eau.

• Phase de conceptualisation

Les enfants comprennent que dans chaque image on peut trouver des indices pour justifier une classification (que l'on peut alors argumenter).

Ils font ainsi une première approche des concepts généraux : chaque élément appartient à une famille plus large.

Par exemple :

– le lion et le chat appartiennent à la famille des animaux. Par conséquent, on peut mettre ensemble une carte postale du Kenya et une carte d'anniversaire avec un chat ;

– la mer et la cascade appartiennent à la famille de l'eau. On peut mettre ensemble une carte postale des chutes du Niagara et une carte postale de l'île d'Ouessant.

Autres séances

• Phase d'entraînement et de réinvestissement

La même recherche se fait avec des timbres-poste imagés, des publicités découpées dans des revues.

L'intention pédagogique de l'enseignant est d'amener l'enfant à construire la notion de concept élargi en associant des idées ou des sentiments.

L'enfant peut aussi classer des images selon son propre ressenti, mais toujours en le justifiant. Par exemple, il doit mettre ensemble les images qui font peur, les images tristes, les images gaies, les images qui donnent envie, les images qui génèrent des odeurs, des bruits, etc.

• Évaluation

L'enseignant, afin d'évaluer les compétences des élèves, propose une série d'images et leur demande une solution pour catégoriser en justifiant leur choix.

Les enfants doivent être capables de :

– trouver des indices visuels et les nommer ;

– trouver des indices suggestifs et les expliquer ;

– argumenter leur choix ;

– comparer ;

– repérer des grandes « familles» et classifier.

Les quartiers d'orange

Organisation de la vie quotidienne

Objectifs spécifiques :

– Résoudre un problème portant sur les quantités en utilisant les nombres connus sans recourir aux opérations usuelles.
– Reconnaître globalement et exprimer des petites quantités organisées en configurations connues (doigts de la main).
– Vérifier la validité par la distribution.
– Représenter sa solution par un schéma.

Compétences langagières :

• Langage en situation
– Exprimer des procédures : « Il faut... » ; « J'ai fait... » ; « Il en reste... ».
– Utiliser le vocabulaire mathématique : « et », « plus », « moins », « assez », « pas assez », « trop », « manque », « ajouter », « enlever », etc.
• Langage d'évocation
– Se remémorer ses actions pour expliquer sa démarche et raconter son schéma.
• Langage écrit
– Utiliser le schéma pour représenter une solution trouvée.
– Connaître la fonction d'un écrit et l'utiliser.

Matériel :

– Des oranges.
– Des barquettes (une par groupe de tables).
– Des jetons.
– Des tables.

Première séance

En groupe-classe, dans le coin regroupement

• Mise en situation

Tous les matins, les enfants prennent une collation.
5 enfants sont responsables de la préparation pour l'ensemble de la classe :

ils disposent la table et mettent, dans le cas présent, une barquette par table qui devra contenir 2 quartiers d'orange par enfant.

Ils doivent donc tenir compte du nombre d'enfants présents et du nombre d'enfants placés autour des tables : 4 ou 5 ou 6 ou 7 enfants par table.

Nous entendons ici par table l'agencement de 4 ou 5 ou 6 ou 7 petites tables individuelles regroupées en une seule.

• Émergence du problème

Comment savoir quelle quantité de quartiers d'orange il faut mettre dans chaque barquette pour chaque table en tenant compte du nombre d'enfants par table qui devront déguster 2 quartiers chacun ?

• Phase de recherche

En atelier de 5 enfants

La classe est répartie en ateliers mais seul l'un des groupes fait la recherche. Les autres groupes la feront lors d'une prochaine séance.

Les 5 enfants de l'atelier cherchent individuellement.

L'enseignant est présent pour observer les démarches des enfants, rappeler le problème et répondre à leurs demandes.

Pour des raisons d'hygiène, les enfants font la recherche en comptant sur leurs doigts afin de ne pas manipuler les quartiers d'orange avec leurs mains.

Quand chaque enfant a trouvé la quantité, il remplit sa barquette de quartiers d'orange.

• Phase de verbalisation

À la fin de leur phase de recherche, les enfants sont invités à s'exprimer sur les procédures et les solutions trouvées. Exemple pour une table de 4 :

« Il en faut 1 pour chacun : 1 pour Arthur, 1 pour Agathe, 1 pour Jean, 1 pour Léo, et puis encore 1 pour Arthur, 1 pour Agathe, 1 pour Jean, 1 pour Léo. »

Un enfant fait la distribution pour une table de 4, d'abord une distribution d'un quartier par enfant, puis une deuxième distribution identique. Il ne compte pas le total.

« Il en faut 2 et puis 2 et puis 2 et puis 2. »

L'enfant ne propose pas la distribution. Quand il est interrogé sur la quantité, il utilise ses doigts en les groupant deux par deux : il les serre deux par deux, en utilisant donc quatre doigts de chaque main sans les pouces.

« Il y a 4 enfants, il faut 4 morceaux et encore 4 morceaux : ça fait 8. »

Un enfant prend quatre doigts d'une main, et quatre de l'autre et compte pour trouver le total.

Un autre enfant prend en charge une table de 6 et dit :

« Je ne peux pas compter combien il en faut en tout, j'ai pas assez de doigts, je ne suis pas une pieuvre ! »

Un autre enfant lui propose alors ses doigts. Ils comptent à deux.

Une solution alternative est suggérée par l'enseignant, consistant à utiliser des jetons (en référence à un jeu mathématique avec un dé et des jetons) pour matérialiser les quantités gagnées.

• Phase de validation

Les 5 enfants ont préparé une barquette pour chacune des 5 tables en vue de la collation. Chaque table a donc une barquette qui devrait contenir 2 quartiers par enfant.

Au moment où les enfants se servent, ils prennent chacun leurs 2 quartiers et dressent un constat.

L'enfant qui a trouvé la bonne solution dit : « Il y en a assez. »

L'enfant qui n'a pas trouvé la bonne solution dit : « Il y en a trop » ; « Il n'y en a pas assez » ; « Il en manque ».

Après quoi les enfants peuvent manger leurs quartiers d'orange.

Les solutions exactes sont résumées oralement.

Deuxième séance

En groupe-classe

• Rappel du problème et des solutions trouvées

Les enfants rappellent le déroulement de la séance précédente et les solutions trouvées.

• Phase de conceptualisation

Les enfants représentent à l'aide d'un dessin les solutions trouvées pour distribuer la quantité souhaitée en respectant la consigne : donner deux quartiers à chaque enfant.

Dessin n° 1 : « J'en donne un à chaque enfant : 1 et 1 et 1 et 1 et 1 et 1 et 1 et de nouveau 1 pour chacun : 1 et 1 et 1 et 1 et 1 et 1 et 1. »

L'enfant illustre un à un les quartiers d'orange :

Dessin n° 2 : « J'en donne deux pour chacun : 2 et 2 et 2 et 2 et 2 et 2. »

Le dessin figure les quartiers deux par deux.

Dessin n° 3 : « J'en donne 7 pour le groupe et encore 7: 7 et 7. »

Le dessin figure 2 groupements de 7.

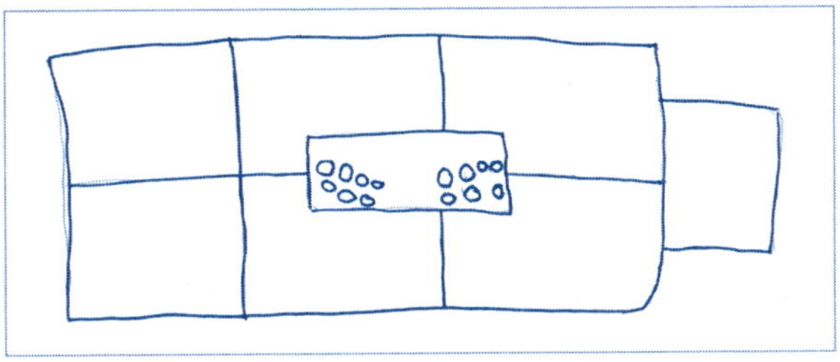

Les enfants prennent ici conscience du fait que :
- il existe plusieurs façons de trouver une solution ;
- une solution trouvée peut être représentée par un dessin.

Ils récapitulent le vocabulaire mathématique utilisé (*cf.* p. 106).

Autres séances

• Phase d'entraînement et de réinvestissement

Lors de nouvelles préparations pour le petit déjeuner, l'enseignant peut varier les paramètres :
- changer le nombre de tables par groupe pour que les enfants effectuent véritablement le travail de recherche sans utiliser leur mémoire pour trouver la quantité globale ;
- utiliser les démarches des autres élèves ;
- utiliser les mêmes démarches au cours d'autres distributions.

• Évaluation

Lors de la préparation de la collation, l'enseignant évalue si les élèves sont capables de :
- réutiliser une des procédures trouvées ;
- expliquer une procédure ;
- la représenter par un dessin.

Les sapins

Projet autour de la découverte des formes géométriques et de l'espace

Objectifs spécifiques :

– Se familiariser avec une forme simple : le triangle.
– Découvrir les particularités du triangle : trois côtés, trois pointes.
– Réaliser un pavage.
– Comparer deux formes, selon des critères précis ou par superposition.

Compétences langagières :

• Langage en situation
– Exprimer des procédures : « Il faut… » ; « On ne peut pas faire cette forme… ».
– Dire des informations.
– Nommer les formes.
– Utiliser le vocabulaire relatif à la géométrie : « côté », « longueur », « sommet », « pointe », « base ».
• Langage d'évocation
– Échanger autour des productions.
– Se remémorer les procédures utilisées afin de les réutiliser.

Matériel :

– Des formes géométriques manipulables : des rectangles (planchettes en bois, réglettes de couleur, Lego…), des carrés (carrés magnétiques), des ronds (bouchons de bouteilles, jetons…), des triangles, des losanges, des trapèzes.
– Un jeu de construction (qui permet des assemblages en volume).
– Des triangles fabriqués dans du carton épais : équilatéraux, isocèles, rectangles, quelconques.
– Éventuellement, un appareil photo.

Première séance

En groupe-classe, dans le coin regroupement
Sauf la phase de recherche, en ateliers

• Mise en situation

C'est bientôt Noël. Il faut confectionner des sapins afin de décorer l'école et trouver des idées pour les réaliser en prenant d'abord conscience de la forme extérieure.

L'enseignant apporte des photos de sapins pour faire constater aux élèves qu'ils ressemblent à un grand triangle.

• Émergence du problème

Comment réaliser la forme du sapin en utilisant le matériel de la classe ?

• Phase de recherche

Les élèves ont à leur disposition le matériel cité page 111. Chaque enfant choisit un matériel dans la classe. L'enseignant impose une contrainte : n'utiliser qu'une sorte de matériel.

Afin de garder des traces de toutes les productions, l'enseignant les photographie au fur et à mesure des recherches des enfants (la production en cours d'élaboration), ainsi que la production finale.

• Phase de verbalisation

Les élèves s'expriment sur les procédures et les solutions trouvées :

« Moi je n'ai pas réussi à bien faire la forme du sapin.

– Moi, j'ai fait le tour du sapin.

– J'ai fait une pointe en haut et j'ai mis les morceaux pour descendre sur les côtés.

– Il faut pas descendre tout droit.

– Il faut faire une ligne en bas.

– Il faut mettre le matériel pour faire une ligne allongée tout en bas. »

• Phase de validation

Les enfants refont des manipulations avec le même matériel ou un autre pour essayer d'appliquer les solutions trouvées par les camarades.

Les enfants qui n'avaient pas réussi à réaliser cette forme peuvent travailler avec un autre enfant.

• Phase de conceptualisation

Il est rappelé que le sapin a une forme triangulaire.

Face à l'ensemble des productions photographiées, les enfants découvrent que le triangle doit être positionné de façon à ce qu'il ait une pointe en haut, appelée sommet, et un côté en bas, appelé base, pour que cela ressemble à un sapin. L'enseignant s'assure que ce vocabulaire est compris par tous.

Il est cependant à noter qu'à la fin de cette première séance, aucun enfant n'évoque le problème des deux autres pointes du triangle.

Deuxième séance

En groupe-classe, dans le coin regroupement
Sauf la phase de recherche, en ateliers

• Mise en situation

L'enseignant fait rappeler la séance précédente en utilisant les photos des productions. Puis il précise que, cette fois-ci, il va falloir non seulement faire une forme de sapin avec le matériel mais aussi en remplir l'intérieur.

• Émergence du problème

Comment faire pour remplir totalement l'intérieur du sapin ?

• Phase de recherche

L'enseignant rappelle la contrainte : n'utiliser qu'une sorte de matériel.

Chaque enfant choisit un matériel dans la classe.

Afin de garder des traces de toutes les productions, l'enseignant photographie les productions au fur et à mesure des recherches des enfants (la production en cours d'élaboration), ainsi que la production finale.

• Phase de verbalisation

À l'aide des photos prises par l'enseignant, toutes les productions sont conservées en mémoire et servent de support pour la discussion.

Les élèves s'expriment sur les procédures et les solutions trouvées :

« Moi, j'ai d'abord fait le tour du sapin.

– Après, on a rempli l'intérieur.

– Moi, j'ai fait la pointe en haut et j'ai mis les morceaux pour descendre sur les côtés.

– Moi, j'ai commencé par la ligne du bas et puis je suis remonté en mettant à chaque fois moins d'éléments.

– Il faut serrer les éléments les uns contre les autres pour qu'il ne reste pas de trou.

– Moi, il restait toujours des trous entre les bouchons.

– Moi, je n'avais pas de trou au milieu mais j'avais des trous sur les bords ; je ne pouvais pas faire bien droits les deux côtés. (Il s'agit de l'enfant qui avait des planchettes rectangulaires.)

– Moi, j'ai eu le même problème avec les carrés : je ne pouvais pas bien faire les côtés et la pointe du haut.

– Avec les carrés, il faut d'abord bien mettre le premier pour faire la pointe. »

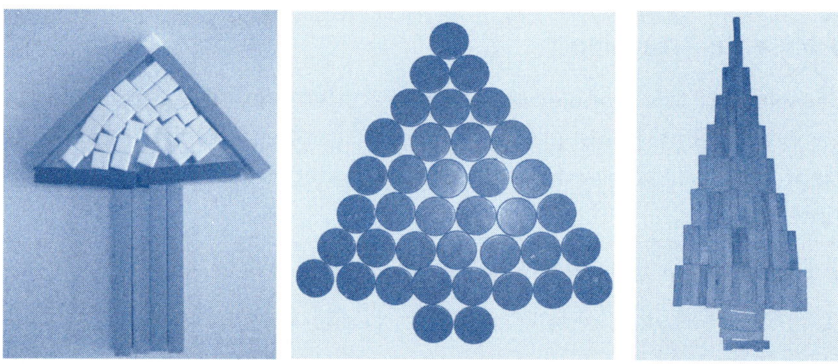

Exemples de production

• Phase de validation

L'enseignant fait à chaque fois remarquer aux enfants qu'ils ont tenu compte de certains critères mais que le matériel proposé ne permettait pas de respecter toutes les contraintes.

• Phase de conceptualisation

Les enfants, face à l'ensemble des productions photographiées, comprennent que :

– tous les éléments ne permettent pas de réaliser un pavage : il reste des trous quand on utilise des formes rondes (bouchons de bouteilles, jetons, boutons) ;

– pour pouvoir réaliser un pavage, il faut mettre les éléments les uns contre les autres et faire correspondre les côtés des formes ;

– parmi le matériel proposé, rien ne permet de réaliser un triangle avec trois côtés bien droits et avec trois pointes.

Troisième séance

• Rappel du problème

En collectif, dans le coin regroupement

Comment réaliser une forme de sapin pavée, c'est-à-dire un triangle posé sur sa base avec un sommet en haut ? Il faut essayer avec les formes géométriques. L'enseignant rappelle que, comme pour la séance précédente, il ne faut pas seulement faire le contour du sapin mais aussi en remplir l'intérieur. Il précise que la difficulté tient au remplissage des trous.

• Phase de recherche

En ateliers, les enfants sont par binôme

Les enfants trient les formes géométriques de façon à n'en garder qu'une seule : soit les triangles, soit les carrés, soit les rectangles, soit les losanges, soit les trapèzes.

Les ronds sont tout de suite écartés par les élèves.

Ils essaient ensuite de mettre en pratique leurs recherches. L'enseignant photographie les productions.

• Phase de verbalisation

En groupe-classe

Comme pour les séances précédentes, les photos servent de support à la discussion.

« On a réussi à faire la pointe du haut et les côtés avec les carrés, mais il reste des trous en bas. Il faudrait compléter avec des triangles.

– C'est pareil avec les rectangles, il manque des morceaux. »

Les élèves et l'enseignant recherchent ensemble ce qu'il manque : 4 triangles.

Remarque : Les rectangles utilisés sont des rectangles manufacturés et ils ont une longueur deux fois égale à leur largeur ; sinon les résultats auraient été différents.

« C'est pareil avec les losanges. On pourrait les couper en deux pour que cela fasse bien droit en bas. »

Les autres enfants suggèrent d'ajouter des triangles.

« Avec les trapèzes, on a réussi à faire presque entièrement le triangle mais il manque une des pointes. On doit compléter avec un triangle.

– Nous, avec les triangles on a réussi ! »

• Phase de validation

Les élèves et l'enseignant s'assurent ensemble de savoir si la consigne a été bien remplie : réaliser un grand triangle, avec une pointe en haut et la base en bas, dont les côtés sont bien droits et qui est entièrement pavé.

La classe valide la solution.

Tous les enfants peuvent ensuite s'exercer avec les triangles : la manipulation n'est pas si aisée que cela car il faut tourner la forme par moments pour pouvoir réaliser le pavage.

• Phase de conceptualisation

Les enfants comprennent que seuls les triangles permettent de réaliser le pavage entier d'un grand triangle.

Ils rappellent les particularité des triangles: trois pointes, trois côtés. Ils nomment la «base» et le «sommet».

Quatrième séance

• Mise en situation

En collectif, dans le coin regroupement

L'enseignant rappelle la séance précédente et annonce qu'il a apporté de nouveaux triangles (équilatéraux, isocèles, rectangles, quelconques), en grande quantité.

Ces triangles, fabriqués dans du carton épais, sont tous de la même couleur et réversibles : ainsi, les enfants ne retiennent pas ce critère dans leur classement.

Ils les trient en mettant ensemble ceux qui se ressemblent et font des comparaisons par superposition.

Lors de ce classement, les enfants constatent, après les avoir manipulés, que deux triangles identiques accolés forment parfois un rectangle, ou un carré, ou un losange.

Il ne s'agit pas dans cette séance de leur apprendre les caractéristiques des différents triangles, mais de pouvoir réutiliser les connaissances apprises et d'apporter une restriction au concept de la séance précédente.

• Émergence du problème

En groupe-classe

Tous les triangles permettent-ils de réaliser un pavage représentant un grand triangle ?

L'enseignant rappelle que, comme pour la séance précédente, il ne faut pas seulement faire le contour mais aussi remplir l'intérieur.

• Phase de recherche

En ateliers

Les enfants manipulent les triangles afin de réaliser leur installation. Certains ont les triangles isocèles, d'autres les rectangles, d'autres les équilatéraux, d'autres enfin les quelconques.

• Phase de verbalisation

En groupe-classe

Tous les groupes ont réussi sauf les enfants qui manipulaient les triangles quelconques.

• Phase de validation

Tous les élèves essaient donc par manipulation de trouver la solution, sans y parvenir.

• Phase de conceptualisation

Les enfants découvrent ainsi que :

– pour réaliser un pavage, il faut faire correspondre des côtés de même longueur ;

– quelquefois, il faut faire pivoter la forme ; quelquefois, il faut la retourner sur elle-même ;

– quand on assemble deux triangles identiques, on obtient d'autres formes : carrés, losanges, rectangles, autrement dit une forme avec quatre côtés, c'est-à-dire un quadrilatère ;

– tous les triangles ne permettent pas de réaliser un pavage pour obtenir un grand triangle (c'est le cas des triangles quelconques) ;

– des formes géométriques portent quelquefois le même nom mais sont différentes car on ne peut pas réaliser les mêmes choses avec elles.

Autres séances

• Phase d'entraînement et de réinvestissement

Les enfants s'amusent à manipuler les triangles pour réaliser les sapins.

Toutes les réalisations seront photocopiées et serviront d'images pour faire des puzzles.

Ils chercheront également à réaliser cette forme de grand triangle en mélangeant différentes formes géométriques, suite aux découvertes de la troisième séance.

À partir de ces découvertes, les enfants vont pouvoir réaliser eux-mêmes les sapins pour la classe en utilisant les triangles comme gabarit. Cette activité est difficile pour eux car elle oblige à anticiper pour comprendre comment et quand il faut faire pivoter ou retourner la forme.

Ces séances peuvent également se faire autour d'une autre forme géométrique : paver un carré, paver un rectangle, un losange, etc., pour découvrir les caractéristiques de ces formes.

• Évaluation

Afin de préparer des décorations de Noël, les élèves doivent réaliser un grand triangle pavé de petits triangles. L'enseignant évalue les compétences des enfants à réinvestir toutes les notions vues au cours de cette séquence :

– le triangle possède trois côtés et trois sommets ;

– pour paver l'intérieur, il faut faire correspondre les côtés des triangles ;

– tous les triangles ne permettent pas la réalisation du pavage ;

– il faut parfois faire pivoter les formes pour les assembler.

Les œufs en chocolat

Organisation de la vie quotidienne

Objectifs spécifiques :
- Procéder à une distribution.
- Réaliser le partage d'une collection en sous-collections équipotentes.
- Mettre au point une stratégie de répartition des objets.
- Vérifier la validité de la procédure de résolution du problème en utilisant la manipulation d'autres objets.

Compétences langagières :
- • Langage en situation
- Exprimer des procédures : « Il faut... » ; « On peut... ».
- Utiliser le vocabulaire mathématique : « reste », « trop », « assez », « pas assez », « distribuer », « partager », « combien », « exact ».
- • Langage d'évocation
- Se remémorer les informations à transmettre ainsi que les procédures déjà réalisées au cours des différentes phases.
- • Langage écrit
- Dicter un message à l'adulte.
- Connaître la fonction d'un écrit et l'utiliser.

Matériel :
- Des œufs en chocolat (ici sac de 35).
- Des gabarits d'œufs (correspondant ici à 7 œufs).
- Des ciseaux.
- Un couteau.

Première séance

En collectif, dans le coin regroupement

• Mise en situation

Un enfant ou l'enseignant a apporté un gros sac d'œufs en chocolat et distribue un œuf à chaque enfant de la classe, qui comporte 28 élèves. Chacun déguste son œuf.

Après cette distribution, il reste 7 œufs dans le paquet.

• Émergence du premier problème

L'enfant demande à qui il peut donner ces 7 œufs en remarquant qu'il n'y en a pas assez pour refaire une distribution.

Le problème qui se pose est donc : comment réaliser une distribution quand il n'y a pas assez d'éléments pour tous les enfants ?

• Phase de recherche et verbalisation

Un enfant propose :

« Il faut en donner aux enfants qui en veulent encore. »

L'enseignant resitue le problème en précisant qu'ils en veulent tous.

Un autre enfant propose :

« Il faut laisser le reste à celui qui les a apportés. »

L'enseignant resitue à nouveau le problème en précisant qu'il veut les donner : il en a encore chez lui.

Un autre enfant propose :

« Il faut les partager, en donner un petit bout à chacun, les couper en petits morceaux. »

L'enseignant demande alors combien de bouts il faut faire avec chaque œuf. Le problème est maintenant clairement posé.

• Émergence du deuxième problème

En combien de morceaux faut-il couper chaque œuf pour que tous les enfants aient un morceau ?

• Phase de recherche et verbalisation

Un enfant propose :

« Il faut les couper en deux. »

L'enseignant suggère d'utiliser des gabarits d'œufs en papier pour faire des essais.

Les 7 œufs en papier sont coupés en deux. Les enfants constatent à vue qu'il n'y en a pas assez.

Ils sont coupés en trois ; les enfants pensent qu'il en manque mais vérifient en distribuant.

Ils sont coupés en quatre ; les enfants pensent qu'il y en a assez, mais peut-être qu'au final il y en aura trop.

Après distribution, ils constatent que c'est le nombre exact.

• Phase de validation

Les 7 œufs en chocolat sont donc découpés en quatre, distribués et dégustés.

Deuxième séance

• Phase de conceptualisation

Les enfants ont compris qu'en mathématiques :

– les manipulations peuvent permettre de trouver la solution à un problème ;

– pour partager une quantité, on peut réaliser une distribution qui permet de savoir s'il y a assez d'éléments ou trop ;

– une unité peut être partagée en sous-unités.

L'enseignant fait un rappel du vocabulaire mathématique utilisé (voir les compétences langagières, p. 119).

• Phase d'entraînement et de réinvestissement

La préparation du petit déjeuner se prête particulièrement bien à ce genre de situation. Par exemple :

Un enfant a apporté des pommes.

L'enseignant pose la question : en combien dois-je partager 21 pommes pour que chacun des 28 élèves en ait la même quantité ?

Les élèves vont ainsi pouvoir reprendre la même démarche de partage que précédemment, avec des pommes dessinées.

D'autres partages seront faits avec des gâteaux, des fruits, des tablettes de chocolat, etc.

L'enseignant veille à donner un nombre d'éléments dont le reste, après distribution, est divisible par le nombre d'enfants.

• Évaluation

L'une des situations précédemment exposées pourra servir d'évaluation des compétences de l'enfant à réinvestir ces notions de partage. Un enfant est évalué à chaque situation de partage.

Il doit être capable de :

- s'investir dans une situation de recherche ;
- réaliser une manipulation ;
- procéder à une distribution ;
- partager une unité en parts égales.

Agir et s'exprimer avec son corps

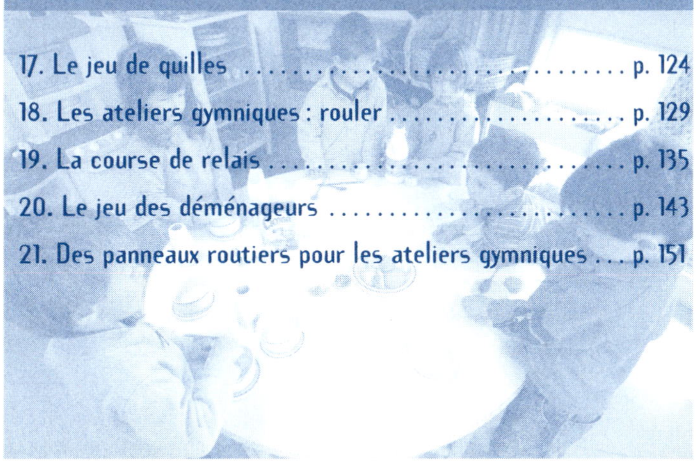

Le jeu de quilles

Autour de la compétence « Réaliser une action que l'on peut mesurer »

Objectifs spécifiques :

– Adapter son geste.
– Maîtriser le lancer : force et direction.
– Analyser un lancer et ses conséquences.

Compétences langagières :

• Langage en situation
– Exprimer des procédures et donner des conseils en utilisant :
  – des verbes d'action ;
  – des adjectifs ;
  – des adverbes.
• Langage d'évocation
– Se remémorer une situation vécue et l'exprimer.
– Se remémorer des actions pour faire une remédiation.
• Langage écrit
– Dicter un message à l'adulte.
– Connaître la fonction d'un écrit et l'utiliser.

Matériel :

– 6 jeux de quilles réalisés avec de grandes bouteilles en plastique remplies de sable ou de gravillons.
– 18 balles.
– 6 bancs.
– Une feuille de score par groupe comportant les prénoms des enfants.
– Un support rigide avec un crayon pour la feuille de score.
– Autres matériels : voir la dernière séance.

Première séance

En ateliers

• Mise en situation

6 jeux de quilles sont installés dans le préau.

Les enfants sont répartis en 6 ateliers.

Pendant qu'un enfant est le joueur, le reste du groupe est spectateur, assis sur un banc installé parallèlement à la direction du tir.

L'enseignant est au centre des jeux (voir l'installation ci-dessous).

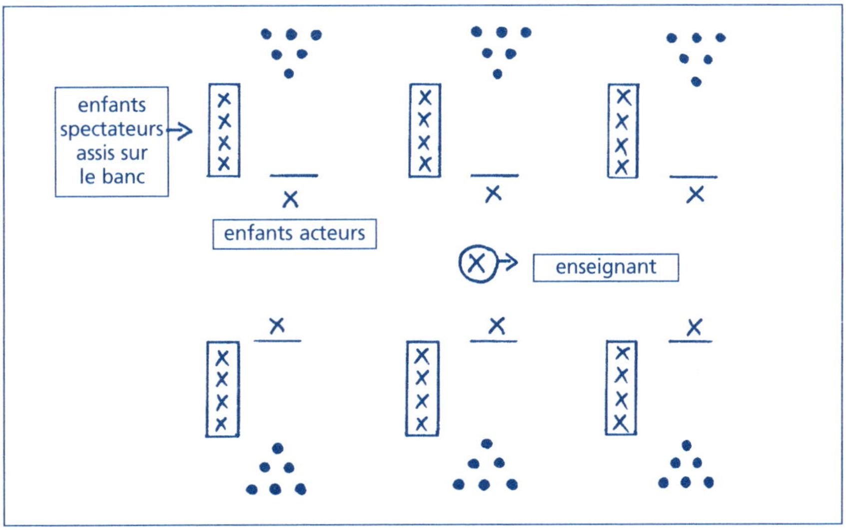

La consigne est la suivante : faire tomber le plus de quilles en lançant successivement 3 balles.

Chacun note le score obtenu sur la feuille en inscrivant un point par quille tombée.

À tour de rôle, les enfants lancent leurs 3 balles.

• Émergence du problème

À la fin du jeu, bien souvent, aucun enfant n'a réussi à faire tomber les 6 quilles. L'enseignant leur dit qu'ils n'ont peut-être pas trouvé la bonne méthode et propose de rejouer.

Phase de recherche

Une autre consigne est donnée aux enfants spectateurs : assis sur le banc, ils doivent observer et donner des conseils au joueur pour qu'il améliore son tir :

« Tire plus fort !

– Lance plus droit !

– Fais rouler la balle !

– Baisse-toi !

– Prends de l'élan ! »

À chaque tir, ils font des constats :

« La balle n'a pas roulé, il l'a lancée.

– Il a mal visé.

– Il a pas lancé la balle assez fort. »

Le joueur, en fonction des commentaires, rectifie sa position, son geste, et garde en mémoire les procédures idéales pour faire tomber le plus de quilles.

Deuxième séance

En groupe-classe

Phase de verbalisation et de validation

La phase de verbalisation peut se faire en classe pour ne pas empiéter sur le temps d'action des enfants, surtout en cas d'occupation des lieux par une autre classe à l'heure suivante. Dans ce cas, un jeu de quilles peut être installé dans le coin regroupement pour permettre aux enfants de revivre l'action : cela favorise la verbalisation.

La classe s'exprime sur les procédures et les solutions trouvées pour retenir les plus efficaces.

Phase de conceptualisation

Avec l'aide des enfants, l'enseignant rédige la fiche conseil.

Les enfants ont compris que, pour faire tomber des quilles, il faut garder en tête plusieurs éléments. En voici un exemple :

Pour faire tomber des quilles, il faut :

- Ne pas tirer trop vite.
- Bien se placer sur la ligne.
- Se concentrer.
- Ne pas être crispé.
- Bien tenir la balle.
- Envoyer la balle dans la bonne direction.
- Faire rouler la balle avec suffisamment de force en prenant de l'élan avec le bras.
- Plier les genoux.

Cette fiche peut être consignée dans un classeur afin d'être relue avant une future séance de jeu de quilles, et certains conseils sont transférables à d'autres jeux.

Troisième séance

En ateliers

• Phase d'entraînement et de réinvestissement

L'enseignant peut proposer différentes séances en ateliers pour s'exercer au jeu de quilles et à d'autres jeux de lancer.

Les enfants s'essaient à nouveau au jeu de quilles, s'entraînent, évaluent leurs performances et comparent leurs résultats avec les autres feuilles de score.

D'autres jeux sont proposés pour que les enfants transfèrent ce qu'ils ont acquis (maîtrise de la direction, de la force, de la position, du geste, rôle du spectateur actif) :

– le jeu des anneaux. La consigne est de lancer trois anneaux dans chaque zone matérialisée au sol ;

– le jeu du grelot. La consigne est de lancer le ballon pour toucher le grelot accroché au plafond avec une ficelle ;

– le jeu du couloir. La consigne est de faire rouler une balle de tennis dans un couloir délimité par des bâtons ;

– le jeu des sacs. La consigne est de lancer des sacs lestés dans une caisse ;

– le jeu de la cible. La consigne est de lancer des balles recouvertes de Velcro sur une cible en feutre.

• Évaluation

À la fin de ce cycle d'activités, l'enseignant organise une séance d'évaluation.

Il observe si l'enfant est capable de :

– ne pas tirer trop vite ;

– se concentrer ;

– ne pas être crispé ;

– envoyer l'objet dans la bonne direction ;

– envoyer l'objet avec suffisamment de force en prenant de l'élan avec le bras ;

– adapter sa forme de lancer à la situation ;

– différencier lancer et rouler ;

– adopter la bonne position ;

– respecter les règles.

L'enfant fait parallèlement son auto-évaluation. Pour chaque jeu, il a trois lancers à effectuer et il note son nombre de réussites sur une feuille comportant la liste des prénoms des enfants de la classe.

Les ateliers gymniques : rouler

Autour de la compétence
« Adapter ses déplacements à différents types d'environnement »

Objectifs spécifiques :
- Maîtriser son corps.
- Comprendre le rôle des différentes parties du corps lors d'une roulade.
- Rechercher les différentes façons de rouler.
- Apprendre à s'évaluer.

Compétences langagières :
- • Langage en situation
- Exprimer une action.
- • Langage d'évocation
- Décrire une image en nommant le matériel.
- Raconter la chronologie d'une action.
- Nommer les parties du corps.
- Décrire des positions relatives ou des déplacements à l'aide d'indicateurs spatiaux.
- • Langage écrit
- Lire et comprendre des images.
- Connaître la fonction d'un écrit et l'utiliser : remplir une fiche d'auto-évaluation.

Matériel :
- Celui des ateliers gymniques (voir photos).
- Dessins de chaque atelier.
- Des fiches d'évaluation (*cf.* pp. 132 et 134).

Première séance

En groupe classe, dans la salle de motricité

L'enseignant a installé des ateliers gymniques induisant l'action de rouler. Pour qu'il n'y ait pas trop d'attente à chaque atelier, il est préférable d'en installer plusieurs selon le nombre d'enfants et le matériel dont dispose l'école.

Lors de la séance, il laisse les enfants explorer la salle afin qu'ils découvrent l'action à travailler.

N.B. : L'enseignant se place à un endroit stratégique qui lui permet de voir l'ensemble des enfants et de gérer l'atelier où la prise de risque est la plus grande. Le matériel est donc disposé en conséquence. Si une ATSEM est disponible pour la classe à ce moment précis, elle peut venir aider au déroulement de l'activité.

Après être passés à tous les ateliers, les enfants découvrent qu'ils vont apprendre à rouler de différentes façons selon le matériel et les ateliers.

Voici des exemples d'installation :

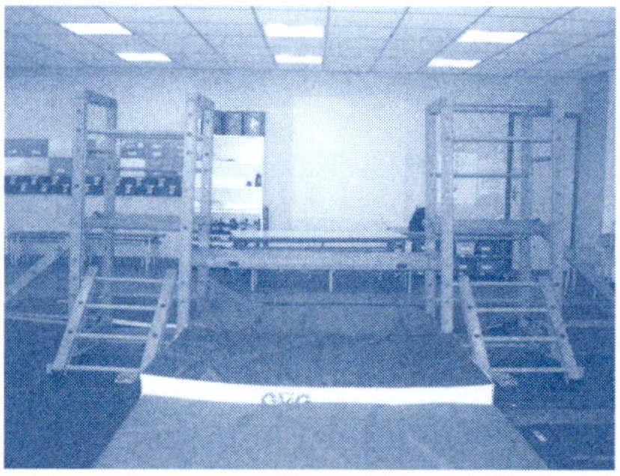

Deuxième séance

En groupe-classe

De retour en classe, l'enseignant propose aux enfants des photos de tous les ateliers et recherche avec eux les actions à réaliser. Ils trouvent des idées que l'enseignant enrichit en les complexifiant :
- rouler en avant ;
- rouler en arrière ;
- rouler latéralement ;
- sauter et rouler deux fois ;
- rebondir trois fois, sauter et rouler deux fois.

Troisième séance

En groupe-classe, dans la salle de motricité

• Mise en situation

Lors de cette séance, les enfants s'exercent avec la consigne d'analyser la manière dont ils procèdent afin de le raconter aux autres enfants à la fin de la séance (« Comment faites-vous pour rouler ? Quelles sont les parties du corps qui agissent ? »).

À la fin de la séance, les enfants s'expriment et l'enseignant leur fait constater que :
- certains ont des difficultés à rouler en avant, roulent de travers et peuvent tomber du tapis ;
- d'autres, lors de la roulade latérale, sont obligés de s'arrêter avant l'arrivée pour ne pas tomber du tapis ;
- d'autres, après le saut, se jettent sur le tapis et ne roulent pas vraiment ;
- aucun enfant n'a fait la roulade arrière ;
- lors de l'action sauter-rouler, très peu d'enfants font l'enchaînement ;
- très peu d'enfants enchaînent deux roulades.

L'enseignant note ces constats pour les garder en mémoire.

Chaque enfant remplit les feuilles d'évaluation à partir de ses premières performances.

L'enseignant propose un code couleur pour remplir la feuille :

vert	j'ai essayé et j'ai réussi
orange	j'ai essayé mais je n'y arrive pas encore très bien
rouge	je n'ai pas essayé

• Émergence du problème

Comment faire correctement une roulade ? Comment faire pour progresser dans les différentes roulades ?

Quatrième séance

En groupe-classe, dans la salle de motricité

• Phase de recherche et de verbalisation

L'enseignant rappelle les constats et les enfants tentent de réfléchir aux solutions en s'exerçant.

Au cours de la séance, dès que l'enseignant remarque qu'un enfant a réussi, il intervient pour valoriser cette réussite et lui demande de renouveler son action pour que les autres puissent l'observer et analyser cette action.

L'enseignant se place auprès de l'enfant acteur et désigne chaque partie du corps à observer.

Par exemple, pour la roulade avant :

« Il met bien sa tête sur le sol.

– C'est pas le front qu'il a mis.

– Il se met bien en petite boule au départ.

– Il a les jambes bien pliées.

– Il met les mains juste devant ses genoux.

– Il pousse sur ses pieds. »

• Phase de validation

Suite aux observations précedentes, les enfants continuent de passer aux ateliers en essayant de prendre les bonnes positions afin de réussir leurs roulades. Pour la vérification, ils peuvent s'exercer en binôme.

Cinquième séance

En groupe-classe, dans la classe

• Phase de conceptualisation

Les enfants, face à leurs performances, comprennent que pour progresser, il faut :

– prendre conscience de ce que l'on sait faire et de ce que l'on ne sait pas faire ;

– oser dire qu'on ne sait pas faire pour apprendre et progresser ;

– quitter l'action spontanée et avoir une action réfléchie ;

– comprendre le rôle des différentes parties du corps mises en jeu dans une action donnée ;

– savoir observer attentivement et analyser une action réussie afin de pouvoir l'imiter ;

– renouveler l'action plusieurs fois, sans se décourager, pour pouvoir réussir.

Autres séances

• Phase d'entraînement et de réinvestissement

Les enfants s'entraînent à faire toutes les roulades aux différents ateliers. Ceux qui éprouvent des difficultés sont invités à se faire aider par leurs camarades qui leur montreront à nouveau le geste et l'action.

Ce tutorat a un double avantage :

– il oblige l'enfant qui réussit à expliquer son geste et à avoir ainsi une action plus réfléchie. La verbalisation permet la conscientisation de l'action ;

– il permet à l'enfant qui apprend d'avoir une autre relation à l'apprentissage à travers un pair.

• Phase d'évaluation

À la fin des séances autour de l'action de rouler, les enfants s'auto-évaluent pour prendre conscience de leurs progrès par rapport à la première évaluation.

Ils réinvestissent ultérieurement ce qu'ils ont appris au cours de nouvelles séances dans lesquelles d'autres actions leur sont proposées :

- grimper ;
- sauter ;
- marcher en équilibre ;
- plier les genoux.

Exemple de feuille d'auto-évaluation (les ronds sont coloriés en fonction du code établi précédemment) :

Évaluation : rouler

Prénom : ....   Date : ....

Rouler en avant

○

Rouler en arrière

○

Rouler latéralement

○

Sauter et rouler deux fois

○

Sauter et rouler deux fois

○

La course de relais

Autour de la compétence « Coopérer et s'opposer collectivement »

Il s'agit ici d'utiliser une activité physique pour construire des compétences en mathématiques.

Objectifs spécifiques :

- Prendre conscience, dans un jeu collectif :
  - de la nécessité d'une répartition équitable dans les équipes ;
  - de la nécessité des règles ;
  - des attitudes et comportements qui permettent de gagner.
- Partager une quantité en plusieurs quantités égales en procédant à une distribution et comparer.
- Expliquer son travail par un schéma.

Compétences langagières :

• Langage en situation
- Utiliser le vocabulaire relatif à l'activité physique du relais : « équipe », « équipiers », « capitaine », « règles ».
- Utiliser le vocabulaire relatif aux quantités : « plus », « moins », « autant », « ajouter », « enlever ».
- Exprimer des procédures mathématiques de répartition pour constituer les équipes.

• Langage d'évocation
- Échanger autour des actions de jeu après une partie et sur les procédures pour gagner.
- Comparer des résultats.

• Langage écrit
- Utiliser le dessin pour représenter une situation.

Matériel :

- 4 bancs.
- Des feuilles à dessin.
- Un crayon à papier.
- Une gomme.

Première séance

En groupe-classe, dans la salle de motricité

• Mise en situation

L'enseignant propose un jeu de relais aux élèves (28 en tout).

Il leur explique la règle du jeu : les enfants sont répartis en 4 équipes. Chaque équipe a un capitaine. À tour de rôle, chaque membre de l'équipe court jusqu'au mur. Le capitaine part en premier. Il court, touche le mur, revient en courant, tape dans la main de l'équipier suivant. Celui-ci part à son tour en courant pour faire le même parcours, tandis que le premier se met derrière les autres. L'équipe a terminé le jeu quand le capitaine est revenu devant et que le dernier enfant de son équipe a couru.

• Émergence du problème

Comment constituer 4 équipes ?

• Phase de recherche et de verbalisation

Pour éviter les conflits inutiles, l'enseignant choisit les 4 capitaines et laisse les élèves rechercher la manière de constituer les équipes.

Après la constitution des équipes, les élèves s'expriment sur la manière dont ils ont procédé pour les constituer :

« Moi, j'ai pris mes copains.

– Moi, j'ai pris mes copines.

– Moi, j'ai demandé qui voulait venir dans mon équipe.

– Je sais pas. »

L'enseignant constate que les enfants se sont répartis en fonction de leurs relations affectives sans se soucier du nombre d'enfants de chaque équipe. Elles sont inégales du point de vue numérique. La dernière équipe est d'ailleurs constituée de 4 élèves seulement.

Après une première phase de jeu, l'équipe qui a le plus petit nombre de joueurs gagne. L'enseignant demande aux élèves de donner leur avis et de deviner pourquoi cette équipe a gagné :

« Parce qu'ils ont couru plus vite que les autres. »

D'autres relais ont lieu dans les mêmes conditions sans que cela perturbe les enfants, trop préoccupés par ce nouveau jeu ou par l'idée de gagner.

Deuxième séance

En groupe-classe, dans la salle de motricité

• Mise en situation

L'enseignant fait rappeler par les élèves la séance précédente et la règle du jeu de la course de relais.

Comme les élèves ne savent pas bien rester en ligne, l'enseignant leur explique que, pour y remédier, il a installé quatre bancs. Désormais, chaque équipe sera assise à califourchon sur son banc.

Cette installation peut permettre aux élèves de prendre conscience des quantités inégales dans chaque équipe.

• Émergence du problème

Que faut-il faire dans un premier temps? Les élèves répondent à cette question :

« Il faut faire les 4 équipes. »

L'enseignant choisit les 4 capitaines avec soin : un leader, un très timide et deux autres. Il précise que ce sont les capitaines qui choisissent leurs équipiers.

Maintenant, le problème se pose à nouveau : comment constituer 4 équipes?

• Phase de recherche

L'enfant leader appelle ses copains et copines qui s'entassent très rapidement, mais avec difficulté, à 11 sur le premier banc.

Le deuxième capitaine, très timide, ose à peine appeler les enfants, et ils se retrouvent à 4.

Les deux autres équipes sont à peu près équilibrées et elles sont constituées de 6 et 7 élèves.

• Phase de verbalisation

Après la constitution des équipes, les élèves s'expriment. Ils évoquent à nouveau des raisons affectives pour expliquer la constitution de leurs équipes.

Après une première phase de jeu, l'équipe qui a le plus petit nombre de joueurs gagne. L'enseignant demande aux élèves leur avis : pourquoi cette équipe a-t-elle gagné ?

« Parce qu'ils ont couru plus vite que les autres. »

Cette réaction crée le mécontentement de l'équipe des leaders : eux aussi estiment avoir couru très vite :

« Nous aussi, on court vite ! Mais c'est plus long pour que Jean (prénom du capitaine) revienne devant.

– Oui, parce qu'on est beaucoup.

– On est plus que les autres.

– C'est pas juste ! »

• Rappel du problème reformulé

Que faut-il faire pour constituer 4 équipes avec les 28 élèves de la classe ? Que faut-il faire pour que ce soit juste ?

• Nouvelle phase de recherche et verbalisation

« Il faut mettre 1 enfant dans la première équipe, puis 1 dans l'autre, puis 1 dans l'autre, puis 1 dans l'autre.

– Et après on recommence.

– On met un deuxième enfant dans chaque équipe.

– On recommence jusqu'à ce qu'on ait mis tous les enfants dans les équipes. »

• Phase de validation

Les enfants appliquent l'idée trouvée. Le jeu peut reprendre avec les nouvelles équipes.

• Phase de conceptualisation

En groupe-classe, dans la classe

De retour en classe, l'enseignant propose aux élèves de réaliser une fiche pour expliquer ce qu'il faut faire pour répartir la classe en quatre équipes de façon que toutes aient une chance de gagner :

Pour constituer 4 équipes :

- On choisit 4 capitaines.
- Chaque capitaine, chacun son tour, appelle un enfant.
- On recommence jusqu'à ce qu'il n'y ait plus d'enfant.

Les enfants comprennent que, pour qu'un jeu collectif soit juste, il faut le même nombre de joueurs dans toutes les équipes.

Ils sont ainsi capables d'expliquer la distribution des enfants dans les équipes.

Cependant, ils ne peuvent pas répondre à la question suivante : combien faut-il d'enfants dans chaque équipe ?

Afin de compléter la fiche, les enfants ont donc pour consigne de réaliser un dessin des 4 équipes avec une répartition correcte des 28 élèves afin de connaître le nombre d'enfants par équipe.

Ce dessin pourra être réalisé quand tous les élèves auront eu une fois le rôle de capitaine, rôle qui permet d'évaluer leur compréhension.

Exemple de dessin

Troisième séance

En groupe-classe, dans la salle de motricité

• Mise en situation

L'enseignant fait rappeler la séance précédente.

Il choisit 4 nouveaux capitaines afin d'évaluer si tout le monde a bien compris le principe de distribution pour répartir les 28 élèves.

La classe rappelle les règles du jeu avant de commencer une partie.

• Émergence de nouveaux problèmes

Pourquoi une équipe gagne-t-elle ? Pourquoi les autres perdent-elles ? Que faut-il faire dans une course de relais pour essayer de gagner ?

• Phase de recherche

La recherche se fait pendant une phase d'action de jeu.

Seules deux équipes sont actrices pendant que les autres observent.

Puis une nouvelle course s'engage, avec inversion des rôles.

L'enseignant demande aux élèves de retenir dans leur tête toutes les actions qui font gagner et toutes les actions qui font perdre.

• Phase de verbalisation

Les élèves s'expriment sur les procédures et les solutions trouvées :

« Emma ne regardait pas, alors elle a pas vu que Samuel était revenu.

– Armand ne courait pas assez vite.

– Lorenzo n'a pas touché le mur.

– Rostan est tombé, alors on a perdu du temps.

– Nathalie est partie alors que Céline ne lui avait pas touché la main.

– Maléna regarde ses copines dans l'autre équipe plutôt que de regarder quand elle doit partir. »

• Phase de validation

L'enseignant lance une nouvelle phase de jeu pour que les enfants évitent les écueils précédemment cités.

• Phase de conceptualisation

En groupe-classe, dans la classe

Tous les conseils sont notés sur une fiche, en dictée à l'adulte :

> Pour bien jouer à la course de relais, il faut :
> – Être attentif et concentré pour savoir quand on doit partir.
> – Faire bien attention de ne pas tomber.
> – Regarder ses partenaires plutôt que les concurrents.
> – Connaître les règles pour pouvoir les respecter.
> – Ne pas tricher.

Les enfants ont donc appris à coopérer lors d'un jeu collectif et à maîtriser leur comportement individuellement et collectivement au sein d'une équipe.

Autres séances

• Phase d'entraînement et de réinvestissement

La notion de répartition de la classe en plusieurs équipes est retravaillée à différentes occasions :

– dans d'autres jeux de relais ;

– dans des jeux appelant des répartitions et des nombres d'équipes différents : 2 équipes, 3 équipes, 5 équipes selon les jeux et selon les absences des élèves ;

– dans une recherche pour programmer un cycle de jeux de société : si l'on fait des groupes de 4 joueurs, combien de groupes y aura-t-il ? Et combien de jeux différents faut-il prévoir ?

Les jeux de relais vont se transformer au cours des semaines :

– en aménageant l'espace de course différemment pour varier

les déplacements et obliger les enfants à ramper sous quelque chose, à enjamber, à sauter, à marcher en équilibre, etc. ;

– en faisant transporter des objets aux élèves.

Les conseils de jeu doivent être systématiquement suivis.

• Évaluation

L'enseignant évalue au cours du jeu si l'enfant est capable :

– d'être attentif et concentré ;

– d'adapter son comportement à la situation ;

– de mémoriser et respecter des règles ;

– de coopérer lors d'un jeu.

Le jeu des déménageurs

Autour de la compétence « Coopérer et s'opposer collectivement »

Il s'agit ici d'utiliser une activité physique pour construire des compétences en mathématiques.

Objectifs spécifiques :

- Comprendre une règle et la respecter.
- Coopérer dans un jeu collectif.
- Apprendre à comparer des quantités en utilisant des procédures numériques (dénombrement) ou non numériques (appréciation globale des quantités).

Compétences langagières :

• Langage en situation
- Exprimer des procédures : « Il faut, il ne faut pas... » ; « On peut, on ne peut pas... » ; « On écrit... ».
- Construire des règles.
- Utiliser oralement des procédures numériques ou non numériques.
- Utiliser le vocabulaire mathématique : « plus », « moins », « pareil », « comparer », « compter ».

• Langage d'évocation
- Se remémorer et verbaliser les solutions trouvées au cours des jeux précédents pour comparer.

Matériel :

Pour 4 équipes :
- 4 bancs.
- 4 caisses en plastique.
- 4 cerceaux.
- 4 pinces à linge de couleurs différentes.
- Un sablier.
- Des jetons.
- Des planchettes en bois.
- Des caissettes.
- Des balles lestées.
- Des palets.
- Une bande numérique.

Première séance

En groupe-classe, dans la salle de motricité

• Mise en situation

Les enfants se répartissent en 3, 4 ou 5 équipes égales. Le nombre d'équipes est fixé par l'enseignant en fonction du nombre d'enfants présents dans la classe ce jour-là.

La salle de motricité est installée selon le plan ci-dessous :

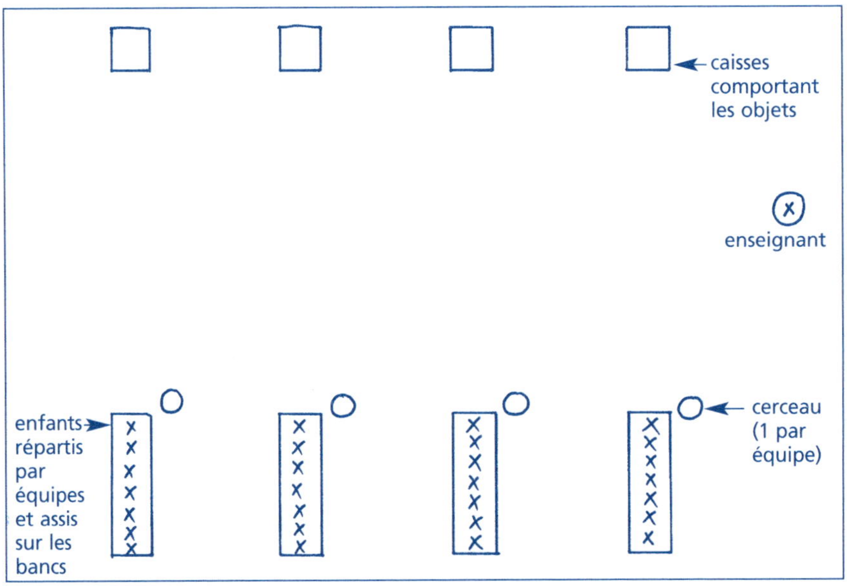

Les élèves se répartissent comme ils ont appris à le faire au cours de la séance « La course de relais » (*cf.* p. 135).

Ils s'assoient à califourchon sur les bancs, les uns derrière les autres, afin d'être calmes et concentrés et de ne pas se mélanger avec les autres équipes.

L'enseignant explique ensuite la règle :

« Elle est à peu près la même que pour le jeu de relais mais, cette fois-ci, il faut aller chercher un objet dans la caisse qui se trouve au bout de la salle et venir le déposer dans le cerceau qui se trouve près du banc de votre équipe. Je donne le signal de départ en sifflant dans le sifflet. À ce moment-là, je retourne le sablier et quand le sable aura fini de s'écouler, je sifflerai à nouveau dans mon sifflet pour indiquer la fin de la partie. »

Première partie de jeu : les enfants doivent ramener des planchettes. Il n'y a qu'une seule sorte d'objet, identique pour tous.

Le jeu est volontairement arrêté après un temps d'action assez court pour faire en sorte que chaque équipe n'ait pas ramené un nombre trop important d'objets.

• Émergence du problème

À la fin de la partie se pose la question : qui a gagné? Comment savoir qui a gagné?

• Phase de recherche et de verbalisation

Spontanément, les enfants s'expriment :

« L'équipe qui a gagné, c'est celle qui a ramené le plus de planchettes.

– C'est nous ! On a ramené tout ça.

– Nous aussi, on en a tous ramené ! »

L'enseignant pose la question :

« Comment faire pour savoir qui a gagné?

– Il faut regarder à l'intérieur de tous les cerceaux.

– Il faut comparer. »

Pour bien regarder et comparer, l'enseignant suggère de mettre les cerceaux les uns à côté des autres. Il les fait glisser avec leur contenu jusqu'au centre de la salle.

« C'est là où il y en a le plus !

– Comment le savez-vous?

– Ça se voit. »

Les enfants ont fait une appréciation globale des quantités.

Ils s'expriment ensuite sur le non-respect des règles :

« Oui, mais j'ai vu que Samuel, il a ramené plusieurs planchettes.

– Et Jérémy aussi !

– Et Jérémy, il partait alors que Samuel n'avait pas encore posé ses planchettes… »

• Phase de validation

Les règles du jeu doivent être comprises et respectées par tous. Elles sont donc reformulées avant le lancement d'une nouvelle partie :

– on ne peut ramener qu'un objet à la fois ;
– le joueur suivant doit attendre que le joueur précédent ait posé son objet pour partir.

Deuxième partie de jeu : une nouvelle partie est organisée avec un temps de jeu beaucoup plus long (temps de deux sabliers).
On utilise à nouveau les planchettes : comme c'est un matériel de construction, il peut induire des réactions intéressantes.

• Émergence du problème

À la fin de la deuxième partie se pose à nouveau la question : qui a gagné ? Comment savoir qui a gagné ?

• Phase de recherche et de verbalisation

Spontanément, les enfants s'expriment :
« On doit faire comme tout à l'heure : faire glisser les cerceaux de chaque équipe avec leur contenu pour bien regarder et comparer.
– Est-ce que l'on voit qui a gagné ? demande l'enseignant.
– Tout à l'heure, on voyait bien qu'il y en avait plus, parce qu'ils n'avaient pas respecté les règles.
– Comment faire pour savoir qui a gagné ? »
L'appréciation globale des quantités n'apparaît plus comme étant une réponse valable.
« Pour comparer, on peut faire comme quand on joue avec les planchettes : on peut monter des tours. »
Les planchettes de chaque équipe sont donc empilées.
« Il faut que les tours soient les unes à côté des autres, car là on ne voit pas bien. »

• Phase de validation

Les tours sont à nouveau érigées, cette fois-ci les unes à côté des autres.
« C'est cette tour la plus haute, alors c'est celle-là qui gagne parce qu'ils en ont plus et les autres il y en a moins. »
L'enseignant interroge les enfants sur le respect des règles, mais aucun problème n'a été constaté.

Troisième partie de jeu : une nouvelle partie est organisée.

• Émergence du problème

À la fin de la troisième partie se pose à nouveau la question : qui a gagné ? Comment savoir qui a gagné ?

• Phase de recherche et de verbalisation

Spontanément, les enfants s'expriment :

« On peut comparer en faisant des tours. »

L'enseignant leur demande de trouver une nouvelle idée pour comparer.

« On peut les mettre en ligne.

– Et on voit quelle est la ligne la plus longue. »

Les planchettes de chaque équipe sont alignées les unes à côté des autres afin d'établir une comparaison et trouver l'équipe qui en a le plus.

Lors de cette séance, les enfants ont réinvesti des habitudes de jeu de construction avec les planchettes.

Deuxième séance

En groupe-classe, dans la salle de motricité

• Phase de validation

De nouvelles parties sont organisées avec le même matériel : des planchettes en bois. À la fin de chaque partie, les deux propositions de comparaison trouvées lors de la séance précédente sont utilisées, ce qui permet de les valider en constatant qu'elles proclament toutes les deux la même équipe gagnante.

Troisième séance

En groupe-classe, dans la salle de motricité

Pour cette séance, le matériel à déménager est différent. Dans chaque caisse, les enfants auront : des caissettes, des balles lestées, des palets, etc. Ce matériel induira de nouvelles techniques de comparaison puisqu'il est divers et varié, de taille différente et non empilable, à la différence des planchettes.

• Mise en situation

Nouvelle partie : les enfants jouent selon les mêmes règles de jeu.

Lors de la validation de l'équipe gagnante, les enfants constatent que :

« On ne peut pas empiler les objets.

– Parce qu'ils ne sont pas pareils.

– Si on les empile, ils vont tomber.

– Si on les met en ligne, ça ne va pas car il y a des grands et des petits. »

L'enseignant leur demande de trouver une autre technique pour comparer les résultats.

• Émergence du problème

Comment savoir qui en a le plus ?

• Phase de recherche et de verbalisation

La formulation de la question par l'enseignant qui utilise les mots « le plus » induit l'utilisation du dénombrement :

« Pour savoir qui en a le plus, il faut compter. »

Le capitaine de chaque équipe compte les éléments dans le cerceau sous le regard de ses coéquipiers :

« Il en a compté un deux fois.

– Il a oublié de compter celui-là et celui-là. Ça va pas.

– Il faut les compter un par un et les sortir du cerceau. »

Chaque équipe s'exerce et donne son résultat.

L'enseignant soumet également l'idée d'aligner les éléments afin de faire participer tous les enfants au comptage.

Chaque enfant fait ainsi son comptage et vérifie qu'il obtient la même réponse que les autres.

L'enseignant rappelle le problème : quelle équipe en a le plus ?

« Il faut trouver le plus grand nombre. »

L'enseignant incite les enfants à réfléchir à ce qui est utilisé en classe dès que l'on parle de chiffres et de nombres : ils évoquent alors la bande numérique.

L'enseignant a pris le soin de l'apporter dans la salle de motricité et la présente aux enfants.

Il donne à chaque équipe une pince à linge de couleur et invite chaque capitaine à l'accrocher au bon endroit sur la bande numérique. Les enfants peuvent ainsi vérifier visuellement quelle est l'équipe gagnante.

• Phase de validation

L'enseignant organise d'autres parties pour utiliser cette nouvelle technique de comparaison de nombres en se servant ou non de la bande numérique.

On constate que, pour la plupart des enfants, si les nombres sont situés :

– avant 10 : cela ne pose aucun problème. Ils trouvent quel est le nombre le plus grand sans utiliser la bande numérique, de la même manière qu'au sein d'une même dizaine, les enfants, en entendant les unités, comparent assez facilement (ex. : 22 et 25) ;

– entre 11 et 16, certains enfants ont des difficultés à comparer les quantités, en raison de la terminologie de ces nombres : *onze*, *douze*, *treize*, *quatorze*, *quinze*, *seize*. Par conséquent, ils utilisent la bande numérique. C'est la même chose lorsqu'il y a des différences au niveau du chiffre des dizaines (ex. : comparer 17 et 23).

• Phase de conceptualisation

Les enfants ont compris que, lors d'un jeu collectif :

– il faut toujours respecter les règles. Ce n'est pas parce que l'on a envie de gagner que l'on peut tricher ;

– pour savoir qui a gagné lors d'un jeu en équipe, il faut comparer les scores obtenus par chaque équipe ;

– pour comparer les scores ou des quantités, on peut :

- soit regarder pour voir qui en a le plus. C'est possible s'il n'y a pas beaucoup d'objets et si une équipe en a beaucoup plus que les autres ;
- soit étaler les collections les unes à côté des autres et voir qui a la plus longue. C'est possible si tout le monde joue avec les mêmes objets ;
- soit empiler les collections les unes à côté des autres et voir qui a la plus haute. C'est possible si tout le monde joue avec les mêmes objets et s'ils sont empilables ;
- soit compter ces objets pour savoir combien chaque équipe en a gagné. Mais afin de les dénombrer sans en oublier, il faut s'organiser

en les alignant ou en les déplaçant pour les compter. Ensuite, il faut comparer les nombres pour trouver quelle équipe a le plus grand. Pour s'aider, on peut se servir de la bande numérique.

Autres séances

• Phase d'entraînement et de réinvestissement

L'enseignant peut réinvestir ces notions de comparaison lors de jeux mathématiques :

– *Le jeu des poissons*. La classe est partagée en équipes de 5 ou 6. Chaque enfant pêche 2 ou 3 poissons comportant des constellations de 1 à 6 points. Il y a un gagnant par équipe : celui qui a le plus de points. Les enfants doivent donc faire deux opérations : compter leurs points et les comparer.

– *Le jeu de dés*. Par équipe, les enfants jettent deux dés l'un après l'autre et doivent comparer les totaux obtenus. Il y a un gagnant après chaque lancer. Un meneur note les résultats sur une feuille où sont inscrits les prénoms des joueurs.

– Même principe avec un jeu de cartes si l'on ne choisit que celles avec constellations.

L'enseignant peut réinvestir ces notions de comparaison lors de jeux collectifs dans le domaine des activités motrices.

• Évaluation

L'enseignant évalue des compétences dans différents domaines.

– En activités physiques, l'enfant doit être capable de :
  - comprendre les règles ;
  - les accepter et les respecter ;
  - s'engager dans l'action ;
  - coopérer dans un jeu collectif.

– Dans le domaine de la découverte du monde, il est capable de :
  - comparer des quantités en utilisant des procédures numériques ou non numériques.

Des panneaux routiers pour les ateliers gymniques

Autour de la compétence « Adapter ses déplacements à différents types d'environnement »

Il s'agit ici d'utiliser une activité physique pour construire des compétences dans le domaine : « découvrir le monde des objets, éducation à la sécurité ».

Objectifs spécifiques :

- Organiser des règles de circulation dans les ateliers gymniques et les respecter.
- Acquérir des attitudes et des méthodes favorables aux apprentissages dans la pratique d'une activité gymnique.
- Connaître quelques panneaux routiers et leur fonction.
- Choisir le panneau adapté à la situation.

Compétences langagières :

• Langage en situation
- Exprimer des règles : « Il faut, il ne faut pas… » ; « On peut, on ne peut pas… ».
- Nommer des panneaux et leur fonction.
- Savoir expliquer son dessin aux autres.
- Argumenter son choix.

• Langage d'évocation
- Se remémorer une situation vécue.

• Langage écrit
- Dicter à l'adulte.
- Représenter par le dessin des règles de conduite et de circulation.
- Connaître la fonction d'un écrit et l'utiliser.

Matériel :

- Des panneaux routiers : sens interdit, flèche de direction, stop (matériel éducatif ou fabriqué par l'enseignant dans du carton).
- Des feuilles A3.
- Des feutres.
- Du matériel gymnique.
- Une photographie de chaque atelier gymnique en format A4.

Première séance

En groupe-classe, dans la salle de motricité

• Mise en situation

Lors des activités gymniques, la salle est aménagée avec du gros matériel installé de façon telle que la classe puisse travailler en ateliers.

Les enfants n'ont pas de consigne particulière puisqu'il s'agit d'une première séance de découverte, mais ils doivent passer à tous les ateliers et y circuler librement.

L'enseignant a fait rappeler les règles essentielles de sécurité : on passe chacun son tour, on ne se pousse pas, on ne crie pas.

Après une première expérimentation, très vite quelques problèmes se font jour :

– les enfants montent à plusieurs sur les installations ;

– ils ne savent pas de quel côté se trouve l'entrée ;

– ils ne prennent pas conscience du sens de circulation dans l'atelier ;

– certains vont trop vite.

• Émergence du problème

Comment pourrait-on signaler les entrées, le sens de circulation, les temps d'attente dans les ateliers et la vitesse à laquelle on doit se déplacer ?

• Phase de recherche

L'enseignant organise une nouvelle phase d'action pendant laquelle les enfants sont invités à se déplacer en essayant de résoudre les problèmes.

• Phase de verbalisation

Les élèves s'expriment sur les procédures et les solutions trouvées :

« Il faut se mettre les uns derrière les autres.

– Il faut attendre que l'autre ait terminé.

– Il faut tous rentrer au même endroit sinon on se cogne, on se bouscule, on peut tomber.

– Il faut tous aller pareil (dans le même sens), sinon on se rentre dedans.

– Il faut installer un cerceau à l'entrée de l'atelier. »

• Phase de validation

Les nouvelles règles ont été dictées par les enfants et prises en note par l'enseignant. Lors d'une nouvelle phase d'action, ils sont invités à les respecter.

Certains les ont intégrées, mais d'autres continuent de gêner la circulation.

L'enseignant le fait remarquer à la fin de la séance et propose de réfléchir prochainement en classe à ce nouveau problème.

Deuxième séance

En groupe-classe, dans la classe

• Rappel du problème

Comment pourrait-on signaler les entrées, le sens de circulation, les temps d'attente dans les ateliers et faire en sorte que les enfants les respectent ?

Pour aider les enfants à se concentrer sur le problème, l'enseignant affiche les photographies des ateliers.

• Phase de recherche

Les enfants rappellent les problèmes rencontrés dans chaque atelier.

L'enseignant répartit les élèves par 5 ou 6 et donne à chaque groupe la photographie d'un atelier au format A4 collée sur un support A3.

La consigne est de trouver des solutions aux problèmes en suggérant et dessinant les éléments qu'il faudrait ajouter pour respecter les règles.

• Phase de verbalisation

Lors de la phase de mise en commun, les élèves s'expriment sur les procédures et les solutions trouvées et commentent leurs dessins :

« On a dessiné des cerceaux pour obliger les enfants à se mettre en ligne, les uns derrière les autres.

– Nous, on a dessiné une ligne par terre pour que les enfants restent à la queue leu leu.

– On a dessiné un feu rouge pour quand on peut pas y aller et aussi un feu vert pour quand on peut.

– Ça, c'est un panneau pour écrire dessus « entrée » et un panneau pour la sortie comme dans les magasins, mais on sait pas l'écrire…
– On a fait des flèches pour montrer où on doit aller.
– On a mis des radars pour pas aller trop vite. »

• Phase de validation

L'enseignant constate que certains ont parlé ou dessiné des feux tricolores, des flèches, des lignes. Il les interroge sur les endroits où l'on trouve de tels signes.

La classe s'exprime sur les panneaux routiers. L'enseignant leur demande d'énumérer les panneaux qu'ils connaissent et de dire leur fonction. Il se propose de leur en apporter lors de la prochaine séance.

Troisième séance

En groupe-classe, dans la salle de motricité

Les ateliers gymniques sont les mêmes qu'à la première séance.

• Rappel des séances précédentes

L'enseignant aide les enfants à se souvenir des séances précédentes en leur montrant les dessins qui ont été faits.

Il présente ensuite une collection de panneaux routiers. Chacun s'exprime sur leur sens et leur fonction.

• Phase de conceptualisation

L'enseignant pose la question suivante :

« Quels panneaux peut-on utiliser pour résoudre nos problèmes ? »

Les enfants sélectionnent les panneaux, justifient leurs choix, les installent et réalisent la séance de gymnastique.

Dans le cas présent, les panneaux retenus sont le stop, le sens interdit, les flèches. L'idée du feu tricolore ne peut pas être retenue car cela réclamerait la présence d'un enfant en permanence pour en changer les couleurs.

Les enfants prennent conscience de l'utilité des panneaux routiers et, plus généralement, de la nécessité de respecter des règles de sécurité qui facilitent la vie collective, et ce d'autant mieux qu'ils les ont établies et construites : les règles sont ainsi davantage comprises, acceptées et respectées. Pour la construction du citoyen futur, connaître et utiliser ces règles communes à tous constitue une étape importante.

Autres séances

• Phase d'entraînement et de réinvestissement

Lors de chaque séance d'activités gymniques, les enfants installent les panneaux routiers utiles afin de respecter les règles.

Lors de sorties dans la rue, ils sont invités à observer attentivement les panneaux de signalisation.

• Évaluation

L'enseignant évalue si l'enfant est capable de :

– respecter les règles élémentaires de sécurité pour le bon déroulement d'une activité gymnique ;

– respecter la règle du « chacun son tour » ;

– ne pas pousser les autres ;

– faire la queue derrière les autres ;

– faire en sorte qu'il n'y ait qu'un seul enfant à la fois par atelier ;

– respecter les entrées et le sens de circulation dans les ateliers (en s'appuyant sur les panneaux routiers).

Percevoir, sentir, imaginer, créer

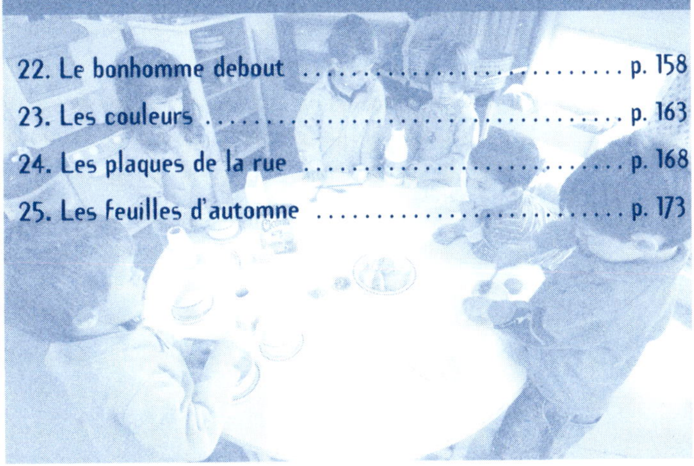

Le bonhomme debout

Projet d'école autour des œuvres d'art

Objectifs spécifiques :

- Trouver une technique pour faire tenir une surface plane en position verticale et la mettre en pratique.
- Choisir le matériel adéquat.
- Comprendre ce qu'est une sculpture.

Compétences langagières :

• Langage en situation
- Nommer les matériaux et outils utilisés.
- Nommer des actions.

• Langage d'évocation
- Exprimer des procédures (« il faut ») et des solutions trouvées.
- Savoir raconter les différentes étapes de sa production dans l'ordre chronologique.
- Savoir expliquer aux autres.
- Comparer.

Matériel :

- Des feuilles blanches.
- Des feutres.
- Du matériel divers : carton, colle, fil de fer, pâte à modeler, scotch, trombones, pâte à fixer, galets, etc.
- Des jeux divers : des planchettes en bois, des Lego, un jeu de construction en volume, etc.

Première séance

En ateliers

• Mise en situation

Les enfants ont été en contact avec des sculptures de personnages en ronde bosse, lors d'une sortie au musée, en ayant observé des sculptures en plein air ou des objets de décoration.

De retour en classe, pour garder un souvenir de la sortie, les enfants dessinent les personnages.

L'enseignant essaie de faire émerger la notion de position du personnage par rapport à ce qu'ils ont vu en leur faisant mimer la position. Les enfants remarquent que leur personnage est couché sur la feuille alors que ceux observés étaient debout.

• Émergence du problème

Comment faire tenir debout les personnages ?

• Phase de recherche

Chacun s'organise pour essayer de trouver une solution à partir des dessins. L'enseignant, dans un premier temps, ne propose pas de matériel.

• Phase de verbalisation

Les élèves s'expriment sur les procédures et les solutions trouvées :

« J'ai plié ma feuille en bas et sur les côtés, mais elle ne tenait pas debout.

– Moi, je l'ai appuyée sur le pied de ma chaise, elle a tenu debout un petit peu.

– Je l'ai appuyée sur le tableau à peinture.

– Je l'ai appuyée sur la porte et je l'ai coincée dans le creux.

– Je l'ai accrochée avec une pince à linge comme on fait avec les peintures ; elle tient debout.

– J'ai plié ma feuille en deux et mon bonhomme tenait debout. »

• Phase de validation

Les installations réalisées sont observées et critiquées. Chaque technique est verbalisée et les résultats sont comparés.

Tous les enfants remarquent que la verticalité des personnages est précaire et certains constatent que :

– il n'est pas possible de s'amuser à tourner autour comme cela avait été le cas pendant la sortie ;

– le bonhomme tombe facilement car la feuille est trop souple ;

– il faut quelque chose de dur pour que le bonhomme tienne ;

– il faut aussi découper le bonhomme pour qu'il ressemble à une vraie sculpture de bonhomme.

L'enseignant note toutes les réflexions des enfants pour les garder en mémoire et leur propose de faire de nouvelles recherches lors d'une prochaine séance.

Deuxième séance

En ateliers

• Émergence d'un nouveau problème

Comment rendre rigides les personnages découpés pour les faire tenir debout longtemps et qu'on puisse toujours tourner autour ?

• Phase de recherche

Chacun s'organise pour essayer de trouver une solution à partir des bonshommes. L'enseignant suggère d'utiliser le matériel présent dans la classe et commence à le lister pour inciter réellement les enfants à varier les idées de réalisation.

• Phase de verbalisation

Les élèves s'expriment sur les procédures et les solutions trouvées :

« J'ai fait une pile de Lego et j'ai accroché mon bonhomme dessus avec du scotch.

– Moi, j'ai fait une boule en pâte à modeler, je l'ai aplatie ; après, j'ai fait un gros boudin que j'ai mis dessus en appuyant un peu ; j'ai mis mon bonhomme debout contre le boudin ; comme il ne tenait pas, je l'ai accroché avec des punaises.

– Moi, j'ai fait une boule un peu plate en pâte à modeler ; j'ai enfoncé un crayon dedans ; j'ai mis mon bonhomme debout contre le crayon mais il ne tenait pas bien alors j'ai collé ses mains ensemble et je l'ai enfilé sur le crayon.

– Moi, j'ai fait comme lui mais mon bonhomme ne tenait pas debout parce que mon morceau de pâte à modeler était trop petit. Donc j'ai pris une plus grosse boule que j'ai aplatie, et après ça a marché.

– J'ai pris de la pâte à modeler pour faire le socle ; j'ai fait un pont avec un fil de fer ; j'ai enfoncé chaque bout dans la pâte à modeler et j'ai accroché ses mains dessus, de chaque côté, avec du scotch.

– J'ai collé mon bonhomme sur du carton et après j'ai enfoncé ses pieds dans une galette de pâte à modeler. »

• Phase de validation

L'enseignant vérifie avec les enfants que les bonshommes tiennent debout et que l'on peut tourner autour comme on le fait avec de vraies sculptures. Cependant, les enfants remarquent que, si l'on tourne autour, il faudrait aussi décorer le dos du bonhomme.

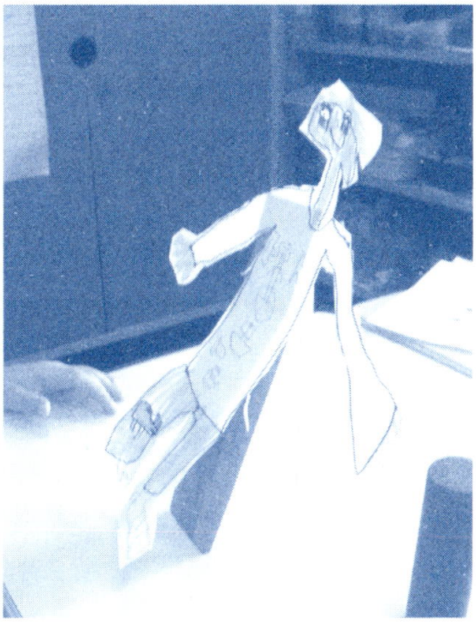

Exemples de production

• Phase de conceptualisation

Lorsque tous les groupes sont passés à cet atelier de recherche, une synthèse est réalisée dans le coin regroupement.

Toutes les productions sont exposées et les enfants comprennent que :

– les bonshommes doivent être tenus par quelque chose de rigide ;

– ils ont besoin d'une base suffisamment importante.

Les enfants ont ainsi pris conscience des besoins de rigidité et de surface pour pouvoir dresser un objet souple et sans épaisseur. Ce qui leur permet de connaître quelques caractéristiques d'une sculpture (installation en volume, nécessité d'un socle).

Troisième séance

En ateliers

• Phase d'entraînement et de réinvestissement

Les enfants qui n'ont pas réussi utilisent les techniques trouvées par les autres.

Les enfants qui ont réussi s'amusent à verticaliser d'autres dessins pour créer un décor à leurs personnages.

• Évaluation

L'enseignant évalue si l'enfant est capable de :

– définir une sculpture ;

– réaliser une production en trois dimensions ;

– rendre stable une production en volume (comprendre la notion de socle) ;

– rendre rigide un matériau souple.

Les couleurs

Projet d'école ponctuel

Objectifs spécifiques :
- Créer des couleurs.
- Tirer parti des découvertes à propos des mélanges.
- Réaliser des expériences avec des matériaux.

Compétences langagières :
- • Langage en situation
- Exprimer des procédures et des solutions.
- Utiliser le vocabulaire relatif : aux couleurs ; aux nuances ; aux mélanges.
- • Langage d'évocation
- Verbaliser pour expliquer ses expériences.
- Se remémorer les découvertes relatives aux couleurs pour les réinvestir dans d'autres situations.

Matériel :
- Une grande feuille blanche.
- Des feutres ; des crayons de couleur ; des craies.
- Différentes sortes de papier (crépon, dessin, Canson, soie).
- Des bouchons de bouteilles et de feutres.
- Des boules de cotillons.
- Des gommettes.
- De la peinture ; de l'encre ; de l'eau.
- Des pots en verre transparent pour réaliser les expériences.

Première séance

En groupe-classe, dans le coin regroupement

• Mise en situation

Les enseignants ont décidé de décorer l'école pour Noël en adoptant une unité de couleur pour toutes les classes : le rose et le violet.

L'enseignant et les élèves font un inventaire de tout ce qu'ils possèdent dans la classe comme matériau rose et violet : feutres, crayons de couleur, craies, différentes sortes de papier, bouchons de bouteilles, boules de cotillons, gommettes, etc. (voir matériel p. 163). Une collection de matériaux de chaque couleur est créée.

Les enfants ont créé des sapins au moyen de divers matériaux de couleur rose dans l'optique de faire un collectif à afficher dans le préau.

L'enseignant leur donne une grande feuille blanche et leur rappelle la contrainte : il ne faut utiliser que les couleurs rose ou violette.

La classe s'interroge sur la couleur blanche de la feuille qui va servir de fond et décide de la colorier en violet.

L'enseignant affiche la feuille et les enfants utilisent les outils scripteurs de couleur violette.

• Émergence du problème

Rapidement, ils se rendent compte que ces outils ne conviennent pas :

– la surface à colorier est trop grande et cela ne va pas assez vite avec les crayons de couleur ;

– certains ont frotté trop fort avec la craie et cela laisse des traces « pas très jolies » ;

– d'autres ont troué la feuille en coloriant toujours au même endroit.

Le problème est ainsi posé : comment obtenir un fond violet uniformément coloré ?

• Phase de recherche et de verbalisation

Les élèves s'expriment sur les procédures et les solutions trouvées :

« Il faudrait de la peinture violette. »

L'enseignant rétorque qu'il n'y en a pas dans la classe. Il n'y a que les trois couleurs primaires, du noir et du blanc.

« Il faut en fabriquer.

– Il faut mélanger des couleurs. »

L'enseignant leur demande pourquoi ils ont pensé à la peinture.

« Parce que souvent on fait des fonds à la peinture.

– On peut l'étaler au rouleau, alors ça va plus vite.

– On pourrait prendre de l'encre.

– On peut aussi utiliser le rouleau ou l'éponge pour l'étaler. »

L'enseignant souligne que, comme pour la peinture, il n'y a pas d'encre violette dans la classe. Puisqu'il n'y a que les trois couleurs primaires, du noir et du blanc, il va falloir la fabriquer.

Il rappelle aux élèves l'existence d'une collection de matériaux violets qui n'a pas encore été utilisée et qui pourrait servir pour fabriquer du violet.

Deuxième séance

En ateliers

• Rappel du problème

Comment fabriquer du violet qui s'étale facilement ?

• Phase de recherche et de verbalisation

L'enseignant répartit les enfants dans 3 groupes :

– un groupe à la peinture ;

– un groupe à l'encre ;

– un groupe avec différents matériaux solides.

Chaque groupe s'exerce et fait ses expériences.

Lors d'une phase de synthèse, les différents groupes présentent les résultats de leurs expériences :

– le groupe à l'encre, après plusieurs expérimentations, a trouvé les deux couleurs à mélanger (le rouge et le bleu), mais constate que la couleur violette obtenue n'est pas toujours la même (elle comporte des nuances) ;

– le groupe à la peinture fait le même constat sur les couleurs à mélanger. Certains ont ajouté du blanc et obtiennent des couleurs plus claires ;

– le groupe avec les différents matériaux raconte ses expériences.

L'enseignant, présent dans les groupes, a orienté la réflexion des enfants sur la propriété commune à la peinture et à l'encre. Toutes deux peuvent être étalées :

« C'est parce que c'est liquide.

– Que connaissez-vous comme liquide ? demande l'enseignant.

– L'eau, c'est liquide. »

L'enseignant donne à chaque groupe de l'eau dans des pots en verre.

« C'est liquide, mais c'est pas violet. »

Il propose aux élèves de réaliser des expériences pour transformer l'eau transparente en eau violette.

Après un temps, un enfant met un objet de couleur violette dans l'eau.

L'enseignant fait verbaliser les enfants :

« Que fait-il ?

– Il a mis un objet dans l'eau. »

Chacun s'approprie un matériau et le met dans un pot contenant de l'eau.

Certains, ayant trempé du papier affiche, des bouchons de feutres ou des crayons de couleur, constatent :

« Mon eau reste transparente.

– Moi non plus, ça ne marche pas, mon eau ne devient pas violette. »

D'autres, qui ont trempé des boules de cotillons violettes, du papier crépon, du papier de soie, des feutres violets, constatent :

« Moi ça marche !

– Moi aussi, mon eau devient violette ! »

Ils s'aperçoivent également que le papier crépon et les boules de cotillons sont devenus blancs.

• Phase de validation

Les trois groupes peignent leur feuille de grand format avec les mélanges qu'ils ont obtenus.

Les enfants à la peinture vont moins vite que les deux autres groupes (encre et eau colorée).

Après réflexion, ils se disent que leur peinture n'était pas assez liquide et qu'il aurait fallu ajouter de l'eau.

Les feuilles peintes ne sont pas uniformes et il y a des différences de teintes : les violets sont plus ou moins foncés.

• Phase de conceptualisation

Ces séances ont permis aux élèves de découvrir que :

– il est possible de fabriquer des couleurs quand on n'en a pas en mélangeant d'autres couleurs. L'enseignant précise que les trois couleurs utilisées s'appellent les « couleurs primaires » ;

– quand on fait des mélanges, on obtient une nouvelle couleur, mais tous les enfants n'obtiennent pas la même car cela dépend de la quantité initiale de chaque couleur. Une même couleur peut avoir différentes nuances ;

– on peut fabriquer des couleurs quand on n'en a pas en mélangeant avec de l'eau des matériaux qui vont teinter l'eau en perdant leur couleur. Certains matériaux *déteignent ;*

– plus on met de matériaux qui déteignent dans l'eau, plus la couleur devient foncée ;

– pour couvrir ou remplir une grande surface, il est préférable d'utiliser un matériau liquide car il est plus facile à étaler.

Autres séances

• Phase d'entraînement et de réinvestissement

D'autres séances en arts plastiques permettront de réutiliser ces découvertes :

– lors de certaines séances de peinture, les enfants travailleront avec une palette et réaliseront leurs mélanges eux-mêmes, de manière individuelle, en fonction de leurs désirs ;

– lorsqu'il s'agira de reproduire une œuvre ou un paysage photographié (par exemple : les marronniers dans la cour au fil du temps, à chaque saison), l'enseignant leur demandera de préparer les pots de couleur en fonction des couleurs et des nuances observées ;

– la fabrication de la couleur violette sera effectuée un autre jour, en utilisant du chou rouge ou des betteraves rouges, puis les enfants feront des expériences pour voir si d'autres fruits et légumes permettent d'obtenir le même résultat ;

– pour la réalisation de fonds à la peinture, d'autres techniques pourront être empruntées, en lien avec les découvertes précédentes : les enfants pourront par exemple mouiller la feuille au préalable et y frotter des matériaux qui déteignent.

• Évaluation

Lors d'une séance en arts plastiques, l'enseignant vérifie si l'enfant sait :

– fabriquer une couleur précise ;

– maîtriser les manipulations ;

– jouer avec les nuances ;

– choisir les bons matériaux.

Les plaques de la rue

Projet de classe « Découvrir la ville »

Objectifs spécifiques :
- Trouver des outils ou des objets insolites adaptés à la situation.
- Utiliser des outils techniques (gabarit, règle, autres).
- Élaborer des méthodes de travail.
- Créer sa propre représentation d'un objet du réel par le dessin.

Compétences langagières :
- • Langage en situation
- Nommer des outils.
- Nommer des formes géométriques ou graphiques et des organisations spatiales.
- Nommer des méthodes de travail : observer, se concentrer, s'entraîner.
- Comparer.
- • Langage écrit
- Reproduire un motif graphique simple en expliquant sa façon de procéder.
- Utiliser le dessin pour représenter un objet.

Matériel :
- Des photographies d'éléments du sol.
- Des feuilles A4.
- Des crayons à papier.
- Des objets de la classe.
- Du matériel d'arts plastiques.

Première séance

En groupe-classe, dans le coin regroupement, puis individuellement

• Mise en situation

Dans le cadre du projet « Découvrir la ville », les enfants réalisent un livre *Découverte de la ville* dans lequel ils font le compte rendu de toutes leurs découvertes, sous forme de dessins, photos, textes écrits après dictée à l'adulte. Ce livre présente différents thèmes : les habitations, les commerces, les bâtiments officiels, les jardins, les rues, etc.

Pour le compléter, l'enseignant organise une sortie dont l'objectif est de découvrir les éléments du sol : bouches d'égout, trottoirs, pavés, marquages au sol, plaques d'arbres, etc.

Chaque élément est repéré puis photographié.

Les élèves analysent chacun des éléments pris en photo : forme, détails, organisation spatiale.

Après avoir choisi une photo, ils tentent de reproduire, le plus fidèlement possible, un ou plusieurs éléments.

Deuxième séance

En groupe-classe, dans le coin regroupement, puis en individuel

• Émergence du problème

Les enfants comparent leurs dessins avec les photos et constatent que leurs productions ne sont pas très fidèles à l'original.

Ils tentent d'en analyser les raisons.

• Phase de recherche

Chaque dessin est mis en vis-à-vis de la photo pour souligner les différences :

– les ronds ne sont pas très ronds ;

– les traits ne sont pas très droits ;

– les détails intérieurs ne sont pas répétés de façon identique (certains sont difficiles à reproduire) ;

– l'organisation spatiale n'est pas respectée.

Les élèves ne sont pas très satisfaits de leurs productions. L'enseignant leur propose de réfléchir à des solutions pour s'améliorer.

• Phase de verbalisation

Les élèves s'expriment sur les procédures et les solutions trouvées :

« Il faudrait trouver quelque chose de rond pour faire la forme de la plaque d'égout.

– On peut prendre une assiette du coin cuisine, un couvercle de casserole, le couvercle de la boîte à gâteaux, le plateau ou la bassine de la pâte à modeler. »

L'enseignant propose aux élèves de réfléchir sur les objets que l'on pourrait prendre dans la classe pour tracer les traits droits.

« Un crayon, c'est bien droit ; on en prend un pour dessiner et un pour aller droit.

– Le bord du livre aussi, il est bien droit.

– Mais il faut faire attention de ne pas écrire dessus.

– On peut prendre le bord de la boîte à mouchoirs.

– On peut prendre la règle. »

Il les fait réfléchir sur la qualité de reproduction des détails intérieurs.

« C'est long à faire de tout dessiner...

– C'est difficile de faire toujours pareil.

– Il faut répéter le même motif comme quand on fait le graphisme.

– Il faudrait s'entraîner car il y a des graphismes très difficiles à faire. On peut s'entraîner dans le sable, avec les feutres effaçables ou avec la pâte à modeler.

– Il faut bien regarder comment c'est fait ; il faut être attentif.

– Il faut bien toujours faire la même grandeur et c'est pas facile, mais il faut se concentrer.

– Il ne faut pas vouloir aller trop vite. »

L'enseignant leur pose aussi le problème de la disposition ou de l'installation des graphismes à l'intérieur de la forme.

« Quelquefois, ça fait des lignes.

– Quelquefois, ça fait comme un soleil.

– Quelquefois, ça part sur le côté.

– Quelquefois, il y en a beaucoup et des fois, pas beaucoup. »

• Phase de validation

En individuel

Les élèves essaient de nouveau de reproduire la même photo en ayant à l'esprit les conseils donnés : outils et méthodes de travail.

La deuxième production est comparée à la première.

Les enfants notent que les productions sont de meilleure qualité.

En page suivante sont présentés des exemples de productions, à partir de deux photos différentes, utilisant des objets techniques ou des techniques de reproduction.

Pour le premier exemple, dans la production finale, l'enfant a utilisé un étui de CD pour le contour, le fond d'un pot à crayons pour le rond central et une règle pour les lignes.

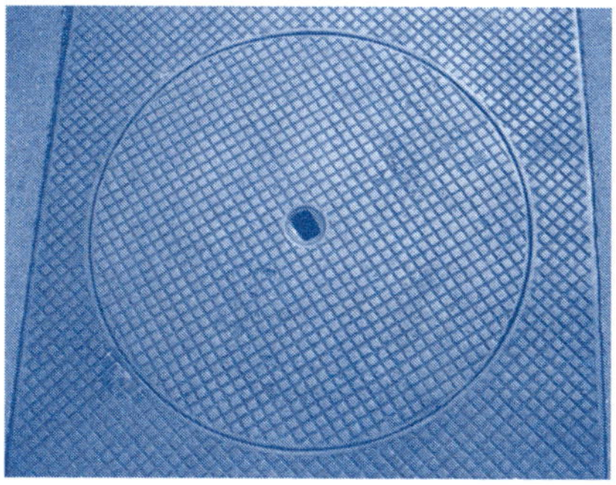

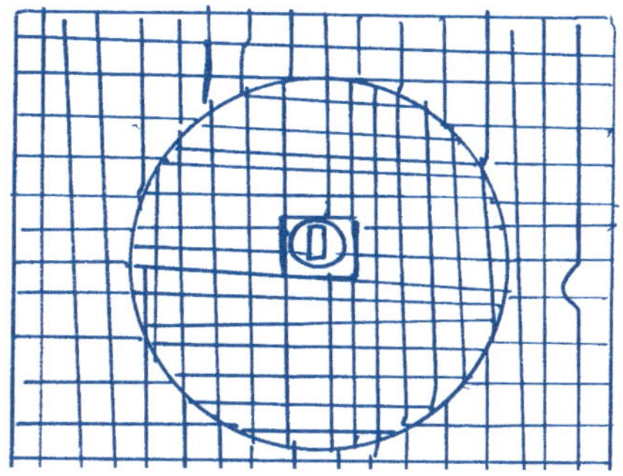

Pour le second exemple, l'enfant a utilisé un livre pour le contour, un bloc logique rectangulaire, un normographe et le bout d'une baguette chinoise trempé dans de la peinture noire.

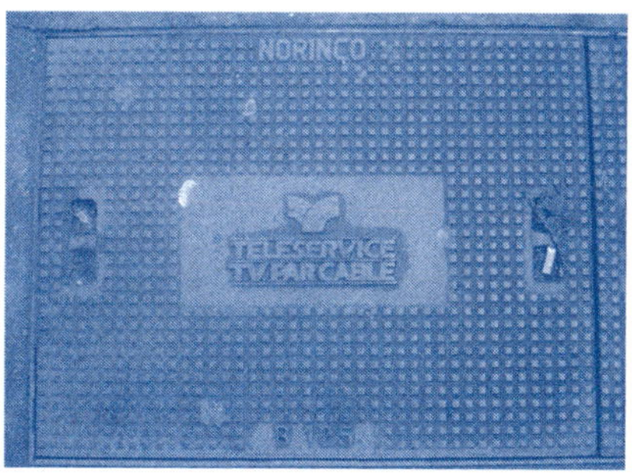

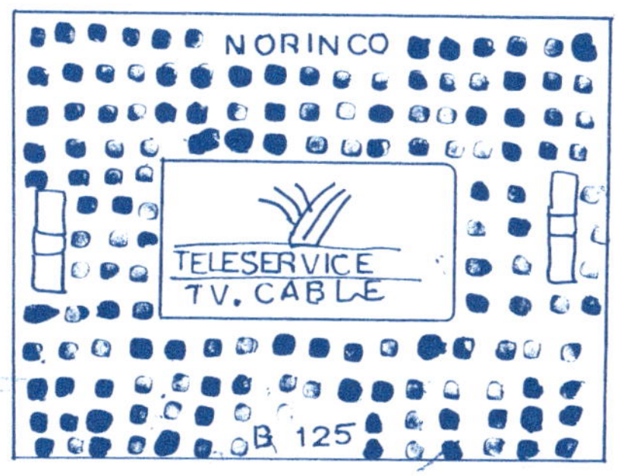

• Phase de conceptualisation

Grâce à leurs recherches, les enfants saisissent l'importance des méthodes de travail pour améliorer leurs performances.

Elles sont consignées sur une fiche conseil qui sera collée dans leur classeur d'activités ; un exemple est proposé en page suivante.

Ils prennent conscience également que plusieurs techniques sont possibles et que l'organisation de l'espace sur la feuille est important pour reproduire correctement la réalité. Ils ont pu ailleurs exercer leurs compétences graphiques.

Pour travailler, il faut :

- Se concentrer.
- Bien observer.
- S'entraîner.
- Utiliser les bons outils ou des outils techniques.
- Vouloir faire bien plutôt que faire vite.
- Faire son travail jusqu'au bout.

Autres séances

• Phase d'entraînement et de réinvestissement

Les enfants reproduisent leur propre plaque d'égout à partir des critères sélectionnés en choisissant :

- une forme extérieure ;
- un détail graphique ;
- une organisation spatiale.

Les enfants peuvent choisir d'autres matériaux que le papier blanc et le crayon noir et d'autres moyens de représentation que le dessin :

- le modelage ;
- le découpage ;
- le collage ;
- la peinture ;
- l'association de plusieurs matériaux et procédés.

La fiche conseil sur les méthodes de travail sert d'affichage référent. Elle est utilisée dans d'autres activités.

• Évaluation

L'enseignant évalue si l'enfant est capable :

- d'exercer des choix (outils, objets, graphismes) ;
- d'utiliser des outils divers ;
- de représenter un objet en utilisant ses compétences graphiques.

Les feuilles d'automne

Projet de classe sur le thème de l'automne

Objectifs spécifiques :
- Trouver une technique pour représenter ou reproduire et l'appliquer.
- Choisir le matériel adéquat.

Compétences langagières :
- • Langage en situation
- Se sensibiliser à un vocabulaire thématique : « nervure », « écorce », nom des arbres (chêne, charme, tilleul, etc.).
- Nommer des actions précises : « dessiner le contour », « fixer une feuille », « frotter », « appuyer ».
- Nommer le matériel utilisé : « craie », « feuille », « crayon à papier ».
- • Langage d'évocation
- Expliquer aux autres les effets produits.
- Exprimer des procédures et les solutions trouvées.
- • Langage écrit
- Dicter un message à l'adulte.
- Connaître la fonction d'un écrit et l'utiliser.

Matériel :
- Des feuilles d'arbres.
- Des feuilles blanches.
- Des craies ; des feutres ; des crayons à papier.
- Des silhouettes d'arbres dessinées dans une séance précédente.

Première séance

En atelier

• Mise en situation

Les enfants ont ramassé des feuilles lors d'une sortie, les ont triées et collées sur des silhouettes d'arbres (qu'ils ont dessinées au préalable) afin de reproduire un chêne, un charme, un tilleul ou autre.

Au bout de quelques jours, les feuilles sont toutes rabougries et l'enseignant interroge les enfants sur ce phénomène.

Il est finalement décidé de les remplacer par des feuilles que les élèves auront dessinées.

• Émergence du problème

Comment dessiner les feuilles le plus fidèlement possible, afin qu'on puisse les reconnaître et créer ainsi un arbre de chaque espèce ?

• Phase de recherche

Chacun dessinera plusieurs feuilles de son choix.

Les enfants ont à leur disposition des feuilles fraîches. Ils choisissent et vont chercher le matériel dont ils ont besoin pour dessiner.

Chacun choisit une feuille, cherche une technique, du matériel et échange avec les autres par rapport aux solutions trouvées.

Certains ne trouvent pas de solution et appliquent les techniques trouvées par les autres.

• Phase de verbalisation

Les élèves s'expriment sur les procédures et les solutions trouvées :

« J'ai bien regardé la feuille et je l'ai dessinée.

– J'ai fait le tour avec mon doigt et je l'ai dessinée.

– Je l'ai posée sur ma feuille et j'ai fait le tour avec le crayon.

– Je l'ai posée sous ma feuille et j'ai frotté avec une craie.

– J'ai fait comme Marie. »

• Phase de validation

Les productions réalisées sont observées et critiquées : chaque technique est verbalisée et les résultats sont comparés.

La technique du tracé à main levée ne donne pas un résultat très fidèle à la réalité. Celle du tracé du contour n'indique pas les nervures.

Seule celle du frottement avec la craie rend à la fois le contour et les nervures. Elle est donc adoptée pour réaliser de nouvelles feuilles.

Deuxième séance

En groupe-classe

• Phase de conceptualisation

Lorsque tous les groupes sont passés à cet atelier de recherche, une synthèse est réalisée dans le coin regroupement.

Toutes les productions sont affichées et on constate que certaines sont imparfaites :

– le rendu n'est pas assez apparent : les nervures de la feuille d'arbre n'ont pas été mises en contact avec la feuille et la pression n'a pas été suffisante ;

– le tracé de la feuille est en double ou en triple : la feuille d'arbre ou la feuille de papier ont bougé ;

– d'autres tracés empêchent de voir le tracé de la feuille : l'enfant a utilisé la craie comme un outil scripteur, ce qui provoque des traits parasites.

L'enseignant recherche avec les enfants la démarche de reproduction la plus satisfaisante, d'après les productions les plus proches du modèle, et ensemble ils rédigent la fiche conseil (voir page suivante).

Les enfants prennent conscience des différentes composantes (technique, gestuelle, matériel) nécessaires à la réalisation d'une telle reproduction.

Pour reproduire une feuille d'arbre par impression, il faut :

- Placer la feuille d'arbre du bon côté.
- La fixer sur la table avec de la pâte à fixer.
- Fixer la feuille de papier sur la table avec de la pâte à fixer.
- Bien tenir la craie.
- Frotter en appuyant juste comme il faut : ni trop fort, ni pas assez fort.

Troisième séance

En ateliers

• Phase d'entraînement et de réinvestissement

L'enseignant relit la fiche conseil. Tous les enfants réalisent des feuilles en utilisant la technique retenue. Les feuilles sont ensuite fixées aux arbres.

Au cours de l'année, les enfants réinvestissent la technique (ils peuvent se reporter à la fiche) en reproduisant :

– des pièces d'euros pour le coin épicerie ;
– des productions comportant des éléments géométriques ;
– des écorces de troncs d'arbres ;
– des grillages divers ;
– des éléments du sol comme les plaques d'égout.

• Évaluation

L'enseignant évalue si l'enfant est capable :

– d'appliquer une technique connue pour reproduire ;
– d'adapter le geste à la situation ;
– de choisir le bon matériel ;
– de constater et s'exprimer sur les effets produits.